Spanish Novels

El día del juicio

(Spanish Novels for
Advanced Learners - C1)

PACO ARDIT

To all the Spanish learners
who are putting forth effort
to learn the language

The Author

Best Free Resources for Spanish Learners (PDF)

Download the free PDF gift and get other freebies and bonuses from Spanish Novels by email:

Suscribe to claim your gift:
https://spanishnovels.net/gift/

The Book & the Author

El día del juicio is an Advanced (C1) Reader for Spanish learners. The book is written in a simple and direct style. In the advanced titles you'll notice that the chapters and sentences are longer and more complex. In order to help you start thinking in Spanish, <u>no English translations</u> are provided.

Paco Ardit is a Spanish writer and language teacher living in Argentine since the 1980s. He loves helping people learn languages while they have fun. As a teacher, he uses easy readers with every one of his students. Paco speaks Spanish (his mother tongue), and is fluent in French and English.

Website
spanishnovels.net

Follow us on Social Media!
facebook.com/spanishnovels
instagram.com/spanishnovels

Free Online Exercises

Get free access to a complementary set of online exercises based on the Spanish Novels Series. All the exercises were designed by Paco Ardit to help you get the most out of your readings.

El día del juicio exercises

https://spanishnovels.net/el-dia-del-juicio-exercises

All the exercises

https://spanishnovels.net/exercises

Audiobook & E-book Packs – Discounted Price

Do you want to get the most out of your reading practice? Get the Bundle Packs (Audiobooks + E-books) at a discounted price. Read and listen the stories at the same time, for the best learning experience. The Bundle Packs include e-book versions in .mobi, .epub, and .pdf format + full audiobooks in high quality MP3 format. Access the files online or download them to your devices! Get your Bundle Packs at **https://www.spanishnovels.net.**

Who Should Read This Book

El día del juicio is intended for Advanced Learners (C1). I assume you have a very good command of Spanish. At this level you are comfortable reading long texts that express ideas, feelings, and other abstract things. You understand a lot of what you read in Spanish.

Contents

Capítulo 1

En todo Buenos Aires no había nada como las fiestas que organizaba Carlos. Una o dos veces al año alquilaba el salón más grande del Sheraton para festejar. El motivo del festejo era lo de menos: podía ser el cumpleaños de un amigo, el éxito de ventas de una de sus compañías, o el fin de año. La fiesta más esperada, sin dudas, era la de su cumpleaños. Como el dinero no era problema, la lista de invitados a veces superaba las 500 personas. En su último cumpleaños había decenas y decenas de actores, deportistas y otras personalidades famosas de Argentina. También estaban las personas más ricas de Buenos Aires. A lo largo de las últimas décadas, Carlos Estrada había amasado una fortuna que superaba los 10 millones de dólares. En el año 2014, de hecho, era el hombre más rico de la Argentina. Tenía dinero suficiente para invitar a su fiesta de cumpleaños a toda la provincia de Buenos Aires. Pero, con el tiempo, las fiestas con mucha gente fueron perdiendo el encanto que tenían al principio. Es así como, para su último cumpleaños, Carlos decidió invitar solamente a un pequeño grupo de 80 personas. Esta vez no lo iba a hacer en el Sheraton; prefirió festejarlo en su casa de fin de semana, en Pilar.

La casa de Carlos en Pilar era –por lejos– la más lujosa de toda la ciudad. Para darse cuenta de eso ni siquiera era necesario entrar a la mansión. Lo primero que llamaba la atención era su tamaño: ocupaba hasta el triple del espacio que la mayoría de las casas de la zona. Tenía un parque gigantesco con una cancha de fútbol, otra de tenis y una de vóley. Además, junto a la casa había una piscina olímpica que a más de un nadador profesional le hubiera gustado tener. Carlos era un verdadero amante del deporte. Todos los fines de semana invitaba a sus amigos y organizaba torneos y competencias de fútbol y tenis.

Aunque esta iba a ser una fiesta pequeña, empezó a prepararla con bastante anticipación. Dos meses antes del día de su cumpleaños ya había definido el menú de la cena, la música y otros detalles. Como no tenía tiempo para encargarse de todas estas cosas, contrató a dos organizadoras de eventos. No era la primera vez que encargaba la organización de una fiesta a otras personas. Sabía muy bien que, si elegía a las organizadoras adecuadas, todo iría de maravillas. Sin Silvia y Ariana, preparar la fiesta de cumpleaños hubiera sido mucho más complicado.

30 días antes del día de la fiesta empezaron a enviar las invitaciones. Carlos era un nostálgico y por eso aún prefería las invitaciones de papel, enviadas por correo postal. En una conversación, Silvia le sugirió:

-¿Qué tal si enviamos invitaciones por correo postal, y también una invitación por mail?
-Está bien, me parece bien -respondió Carlos, con poco entusiasmo.
-O incluso podríamos enviar las invitaciones digitales a través de sus cuentas de redes sociales. Por ejemplo, en mensajes privados de Facebook.
-Sí, podemos hacerlo. Solo hablen con las chicas que administran mis cuentas online. Por mí no hay problema.

Para esta fiesta, Carlos se había puesto un límite: no iba a gastar más de 40000 USD. Alrededor de 500 USD por invitado. Eso era más que suficiente para ofrecer una fiesta como las que le gustaban sin la necesidad de despilfarrar dinero, sin gastar más de lo necesario. Desde hace unos años, Carlos se ha vuelto mucho más cuidadoso con su dinero. Ya no gasta tanto como hace 5 o 10 años. En ese entonces vivía todos los días con el máximo lujo y no controlaba en lo más mínimo la cantidad de dinero que gastaba. Todo cambió cuando un amigo le sugirió empezar a donar dinero a caridad. Empezó donando una pequeña parte de lo que ganaba cada mes a la iglesia principal de su comunidad. Luego se involucró con algunas organizaciones sin fines de lucro. Quería empezar a ayudar con su dinero en distintas causas sociales. Hacía mucho tiempo que tenía ganas de hacerlo, y sentía que finalmente había llegado el momento.

En el 2015, el 12 de enero –el día de su cumpleaños– justo caía sábado: podía festejarlo ese mismo día. Los sábados por la noche eran los mejores días para este tipo de cosas. Lo único malo, tal vez, era que su cumpleaños era justo en la mitad del mes de enero. En esta época, muchos de sus mejores amigos estaban de vacaciones. En los meses de enero y febrero el calor en Buenos Aires es tan agobiante, que la mayoría de la gente huye hacia otras ciudades con un clima más frío. Según el servicio meteorológico, este 12 de enero será uno de los días más calurosos del verano. Pero Carlos está muy bien preparado para enfrentar el calor en su cumpleaños: tiene aire acondicionado en toda la casa y una piscina enorme. Lo más importante es que ninguno de sus invitados sufra el calor.

A las ocho de la noche empezaron a llegar los primeros invitados, los amigos de Carlos que nunca llegaban tarde a ninguna cita. Ninguno de ellos llegó con las manos vacías. Los regalos de cumpleaños iban desde relojes, hasta botellas de vino y antigüedades. Sus amigos más cercanos sabían que tenía una debilidad por los objetos antiguos. Toda la casa estaba decorada con figuras antiguas de Egipto, Roma y de culturas asiáticas.

Una de las últimas en llegar a la fiesta fue Elena, su hija. Llegó después de las 10.30pm, acompañada por tres amigas. Elena es la única hija de Carlos. Tiene 24 años y su sueño más grande es actuar en una película de Hollywood. Ya ha tenido varias participaciones en películas argentinas, pero ningún rol protagónico. Siempre está vestida de fiesta y ama llamar la atención de la gente, esté donde esté. Es todo lo contrario de su padre, quien prefiere mantener un perfil bajo. Al entrar a la casa, Elena le dice a su padre: *"Hola, pa. Feliz cumple. Vine con unas amigas... No hay problema, ¿no?".*

Capítulo 2

Para Carlos, que Elena haya llegado tarde a su cumpleaños no era problema. Con los años se había resignado a que su hija llegara tarde a todos lados. Lo que sí le molestaba es que haya llegado al cumpleaños con tres amigas, sin siquiera haberle avisado. Elena sabía perfectamente que su padre había planeado la fiesta con la mayor exactitud. Por eso, contaba con que iba a haber una determinada cantidad de invitados. Incluso algo como dos o tres personas más podían alterar toda la planificación que su padre venía haciendo desde hacía semanas.

Una de las cosas más fáciles de resolver fue el menú. Carlos contrató un servicio de catering de sushi, que estuvo en su mansión de Pilar desde las 8pm hasta las 4am. Hubo una enorme variedad de rolls, con toda clase de rellenos y salsas. También se sirvieron brochettes preparados por uno de los mejores chefs de Buenos Aires. La comida era excelente. Todo estaba preparado por expertos, usando los mejores ingredientes que se podían conseguir en el país.

Alrededor de las 4am se servirían algunas cosas dulces: bombones, tortas y helados.

El día era ideal para sushi y brochettes. Hacía tanto calor que realmente no se podía comer otra cosa que no fuera eso. Aunque los brochettes estaban hechos a las brasas y se servían calientes, eran una comida fresca. El sushi, por otra parte, se servía frío o a temperatura natural. Casi todos comían un poco de cada cosa. Había tantas variedades que cualquier persona podía comer hasta llenarse sin tener que repetir ni una sola vez. Para evitar el calor agobiante de esa noche de verano, todos los invitados trataban de quedarse dentro de la mansión. Allí, el aire acondicionado estuvo toda la noche en 22° C (71° F).

Al llegar a la fiesta los invitados eran recibidos con una copa de champagne. Dentro de la casa había dos barras con barmans expertos. Carlos le decía a la gente que iba llegando: *"En la barra pueden pedir lo que quieran. Como si estuvieran en un Cafe o en un Restaurant. Pidan todo lo que quieran. ¡Esta noche invito yo!"*. Se podía pedir vino, cerveza, licor y otras bebidas alcohólicas. Para los que no tomaban alcohol había jugos de fruta, agua mineral o aguas saborizadas. Carlos era un excelente anfitrión, y siempre pensaba en todos sus invitados.

En sus fiestas trataba de pasar tiempo con todos sus invitados. Aprovechaba para ponerse al día sobre las novedades de sus amigos:

-¿Cómo va el restaurant? La última vez que hablamos me contaste que estabas por abrir una nueva sucursal –le preguntó a su amigo José.
-Muy bien, por suerte. Bueno, no creo que sea por suerte. El restaurant marcha perfectamente bien porque lo estoy administrando bien y porque tengo excelentes empleados. Y sí, planeamos abrir otro nuevo a fin de año.
-¡Qué bueno, José! ¿Dónde va a estar? ¿También en Capital Federal?
-Sí, va a ser en Capital. En Palermo.
-Excelente. Me alegro mucho.

Mientras conversa con José, Carlos nota que una de las amigas de Elena –su hija– no deja de mirarlo. Probablemente tenga la misma edad que su hija: unos 24 o 25 años. Carlos le sonríe y lleva su mirada hacia otro lado. Lo último que quiere hacer el día de su cumpleaños es involucrarse con una de las amigas de su hija. Mejor seguir caminando por la casa, conversando con sus amigos de toda la vida.

A medida que va avanzando la noche, Carlos sigue tomando todo tipo de bebidas. Cambia la cerveza por bebidas con más graduación alcohólica: vodka, gin y whisky. Pero está tan acostumbrado a tomar esas bebidas que el alcohol parece no tener efecto. Aunque no está ebrio, Carlos siente cómo la bebida le hace sentir cada vez más calor. Después de las 4am sale al patio para tomar aire fresco (y, de paso, para estar solo por al menos un rato). Camina alrededor de la piscina, se quita la camisa y el pantalón y se mete al agua. Entra y sale de la piscina varias veces.

Las primeras veces en que se metía a la piscina alguno de sus amigos lo acompañaba y se quedaba cerca de él, al borde de la piscina. Luego, al final de la noche, ya nadie lo acompañaba. Sus amigos habían bebido tanto que ni siquiera se daban cuenta de lo que estaba sucediendo. Carlos seguía entrando y saliendo de la piscina, disfrutando del agua. Y siguió así durante toda la noche. Cuando le preguntaban por qué se metía en la piscina siempre respondía lo mismo: *"Porque tengo calor. Vos no tenés calor porque estás ahí adentro de la casa, con aire acondicionado. ¡Pero acá afuera en el patio sí que hace calor!"*.

§ ~ ~ ~ §

El domingo por la mañana la casa era un caos total. Las empleadas de limpieza se habían ido a dormir a las 2am. Eso fue lo que les había pedido Carlos: *"A las 2am pueden acostarse. ¡Y mañana a las 8 de la mañana las quiero a todas arriba!"*. Ana María fue la primera en despertarse, a las 7.50am. Lo primero que hizo –a las 8am en punto– fue acercarse a la puerta de la habitación de Carlos. Pensó en golpear la puerta, para que el señor sepa que ya se habían levantado, pero luego pensó que era muy temprano. Seguramente el señor estaría durmiendo. Ana María recorrió rápidamente el interior de la casa, sin siquiera salir al patio. Realmente, la casa era un caos total. Durante casi dos horas, ella y las otras empleadas no hicieron más que limpiar y ordenar todo el interior de la casa.

Recién a las 10am Ana María salió al patio. Cuando vio el cuerpo de Carlos flotando en la piscina boca abajo, lo primero que pensó fue *"el señor sigue nadando"*. No tardó mucho tiempo en darse cuenta de que su patrón no estaba nadando. Su cuerpo estaba totalmente rígido y se veía un poco hinchado. No se movía en lo más mínimo. Carlos estaba muerto.

Capítulo 3

-¡Elena! ¡Elena! Su padre... –gritó Ana María desesperada, sin saber cómo terminar la frase.

-¿Qué sucede con mi padre? -le preguntó Elena, más dormida que despierta, mientras se incorporaba en su cama.

-Mire... -dijo, señalando con un dedo hacia la ventana que daba al parque de la casa.

Elena miró por la ventana y vio el cuerpo de su padre flotando en la piscina.

-¿Aún sigue en la piscina? Jaja, se quedó dormido en el agua –dijo Elena riendo.

-No, Elena. Usted no entiende... Su padre no está dormido.

-¿Entonces? ¿Se está haciendo el dormido? ¿Están tratando de hacerme una broma entre los dos? Si es una broma decímelo ahora mismo. No me parece divertido.

-No es ninguna broma, señorita.

-¿Qué demonios sucede, entonces?

-Su padre... –intentó una vez más la empleada, sin poder terminar la frase.

-Vamos, decilo de una vez. ¿Qué sucede?

-Su padre está muerto. Creo que ha muerto ahogado en la piscina.

Elena no pudo hacer otra cosa que mirarla, con el rostro inexpresivo. Lentamente, su rostro empezó a transformarse. Ya no era inexpresivo; ahora era un rostro lleno de odio y de furia.

-¿¡Y qué hacés ahí parada!? ¿Por qué no llamás a una ambulancia, a alguien? –le gritó Elena.

-Señorita, el señor está muerto.

-Ya me lo dijiste. ¿Cuánto hace que mi padre está ahí en la piscina? Llamá a alguien para que lo saquen de ahí enseguida. Vamos, ¡movete!

La ambulancia llegó junto con la policía. Elena no entendía qué hacía la policía ahí. Le había dicho claramente a Ana María: *"Llamá a alguien para que lo saquen de ahí"*. Lo que Elena no sabía era que, en estos casos, también interviene la policía. Es lo que corresponde, ya que nadie sabe cómo sucedió la muerte. Puede haber sido un accidente, un suicidio, un crimen. La policía es la encargada de inspeccionar toda la zona y recoger cualquier prueba que encuentre en el lugar. En este momento, Elena solo quiere que hagan su trabajo y se vayan lo antes posible. Nunca tuvo mucha simpatía por la policía. Y menos en momentos como estos.

El velatorio comenzó a las 10pm de ese mismo día, en una casa de sepelios de Capital Federal. Elena volvió a ver las mismas caras que había visto la noche anterior en su casa, más otras nuevas. Carlos tenía decenas y decenas de amigos. Casi todos eran hombres y mujeres de mucho dinero, aunque había algunos que no parecían especialmente ricos. El velatorio se hizo con el cajón cerrado; así lo había querido Carlos antes de morir. Durante la madrugada pasaron delante del cajón cientos de personas. Algunos vinieron a despedir a Carlos desde otros países. Por su trabajo como empresario, Carlos se había hecho conocido en gran parte del mundo. En todos lados lo apreciaban mucho. Tenía una reputación intachable.

En resumidas cuentas, el velatorio fue un desfile de condolencias para Elena. Todos los que pasaban junto al cajón de su padre le decían: *"Lo siento mucho, Elena"* o *"Te acompaño en sentimiento"* o *"Era una gran persona"*. Elena inclinaba la cabeza para arriba y para abajo, en respuesta afirmativa. En voz baja, otras personas murmuraban y empezaban a correr los primeros rumores. Decían cosas como: *"Elena ahora va a heredar más de 10 millones de dólares, solo para ella"*. Algunos se alegraban genuinamente por ella. Otros le tenían mucha envidia por heredar tanto dinero.

El entierro fue a la mañana siguiente, en el Cementerio de Recoleta. Esta vez había más gente aún que el día anterior. Los que no habían llegado a tiempo para el velatorio, al menos pudieron presenciar el entierro. Fue una ceremonia muy breve, con pocas palabras. Todos con caras largas, rostros muy serios y ropa negra. Aunque el día estaba nublado –no se veía ni un rayo de sol– la mayoría de la gente llevaba anteojos de sol. Durante las horas que siguieron, los amigos y familiares de Carlos no dejaron de recordar anécdotas de cuando aún estaba vivo.

Varios de sus amigos hablaron sobre las actividades caritativas de Carlos. Durante sus últimos años,

16

Carlos había empezado a transformarse en un verdadero filántropo. Tenía un verdadero deseo de ayudar a su comunidad, de ayudar a los que más lo necesitan. Aunque no lo divulgaba públicamente, todos sus amigos estaban al tanto de eso. Incluso sabían que, en un futuro, Carlos tenía la intención de donar todo su dinero a organizaciones no-gubernamentales (ONGs).

Al salir del cementerio, Elena recibe un mensaje de Whatsapp de su novio: *"No voy a llegar a tiempo. Te llamo en unos 20 minutos"*. Matías –su novio– está regresando de Italia. Le había prometido que haría lo posible por llegar a tiempo al entierro, aunque le aclaró que lo más seguro era que no llegara. Elena fue al bar más cercano que encontró y pidió un café. Varias de sus amigas se ofrecieron a acompañarla, pero les dijo que prefería estar sola. *"Cualquier cosa las llamo. Gracias, chicas. Gracias por estar. Las quiero un montón"*, les dijo a sus amigas, antes de saludarlas.

Media hora más tarde, Matías entró en el bar:

-Lo siento, amor. ¿Cómo estás?
-Bien... mejor.

-¿Dormiste algo ayer?

-No, nada. Igual... no estoy tan cansada.

-¿Cómo te sentís? ¿Cómo estás ahora?

-Bien, Mati. Ya te dije... no es tan grave.

-Bueno... era tu papá. Está bien que no eran tan cercanos, pero era tu papá, después de todo.

-Vos lo dijiste, no éramos los más cercanos del mundo. Pero, obviamente que estoy triste.

-Sí, claro. No es para menos.

-Ya se me pasará... Gracias por estar, amor. Gracias por acompañarme.

Capítulo 4

A primera vista, Matías no parece un abogado. La gente que lo ve caminar por la calle lo primero que piensa es que debe ser un modelo o actor de cine. Usa trajes de alta costura, zapatos italianos y los mejores perfumes. Además, tiene con qué atraer la mirada de las chicas que se cruzan en su camino: ojos verdes, rostro bronceado y un cuerpo bien trabajado en el gimnasio. Para Matías, lo más importante es el cuidado de su figura y aspecto físico. Todo lo demás viene después de eso.

Matías Leclaire trabaja como abogado en uno de los estudios jurídicos más exclusivos de Buenos Aires. Sus clientes son las empresas más poderosas del país. Él se encarga de representar los intereses legales de las empresas frente a otros países. Por eso debe viajar constantemente. Todos los meses hace al menos un viaje a Europa por reuniones de trabajo. Cuando está en el exterior aprovecha para comprarse ropa, zapatos y tecnología. Pero no solo compra cosas para él: también aprovecha los viajes para comprarle costosos regalos a su novia Elena.

Desde pequeño Matías sabía que algún día iba a trabajar como abogado. Siempre le había llamado la atención todo lo que tiene que ver con las leyes y la justicia. Como le gustaba tanto el tema, se pasaba tardes enteras leyendo revistas para abogados. En su casa había libros y revistas de leyes en cantidad. Su madre era abogada, y ahora también era una de las juezas más importantes de Argentina. Prácticamente todo el país sabe quién es Amanda Ponce de Leclaire. Los crímenes y los casos más famosos siempre quedan en sus manos. Y la verdad es que la mayoría de las veces Amanda logra resolver los casos de la forma más justa posible.

Uno de los caminos profesionales más interesantes para cualquier abogado es el de prepararse para ser juez. Para Matías esto no era un gran desafío. Como su propia madre es una de las juezas más prestigiosas a nivel nacional no debería preocuparse por eso. Cuando empezó a estudiar en la universidad descubrió que lo que más le interesaba era el derecho penal. Desde entonces no hay un solo día en que no piense en su objetivo número uno: ser uno de los jueces más importantes de Latinoamérica y del mundo. Sabe que no será un trabajo fácil, pero tiene motivación de sobra para hacerlo.

Aunque Matías se toma su profesión muy en serio, no es lo único que le interesa en la vida. De hecho, está convencido de que el verdadero éxito profesional tiene que ver con el equilibrio. Por eso, siempre se guarda los fines de semana para salir con amigos y para disfrutar de la vida nocturna. En una de esas salidas conoció a Elena, su actual novia. Sucedió en una discoteca. Por una amiga en común se conocieron durante la madrugada de un día sábado. En cuanto cruzaron sus miradas se dieron cuenta de que los dos se sentían atraídos, el uno por el otro. Al final de esa noche Matías le pidió su número de celular.

Hace ya 6 meses que están de novios. Podría decirse que se trata de un noviazgo formal. De hecho, Matías llegó a conocer a Carlos, el padre de su novia. Fue poco después de que empezaron a salir. A Matías le daba un poco de miedo conocer a Carlos. Sabía que era un empresario súper poderoso, y ya se podía imaginar cómo se comportaría con su hija. Por alguna razón, pensaba que debía ser uno de esos padres súper protectores. Finalmente, terminó siendo todo lo contrario. Carlos se mostró muy amigable desde un primer momento y estaba muy contento con tener a Matías como yerno.

Durante estos 6 meses de noviazgo Elena no fue a la casa de Matías ni una sola vez. Él le decía que le daba vergüenza llevarla a su casa, porque aún vivía con sus padres. *"Si viviera solo sería otra cosa. No me sentiría cómodo llevándote ahora a casa..."*, le repetía una y otra vez a su novia. Elena, de todos modos, tampoco se moría de ganas por conocer a los padres de Matías. Sinceramente, le daba exactamente lo mismo conocerlos o no conocerlos. Y la verdad es que tampoco le molestaba que siempre se vieran en su casa. Como su padre viajaba mucho, en general tenían la casa para ellos solos.

El lunes por la tarde Elena regresó a su casa en Puerto Madero, donde vivían con su padre. Tenía ganas de estar sola, pero como Matías insistía tanto al final aceptó que la acompañara. Se subieron al primer taxi que encontraron. Apenas se acomodaron en el auto Matías tomó la mano de su novia y le dijo:

-Amor, sé que esto debe ser muy duro para vos.

-Sí...

-Aunque no lo demuestres tanto, yo sé que estás muy triste.

-Mati... estoy un poco cansada.

-Okay, ¿querés dormir un poco?

-No, ahora no. Estoy cansada de hablar de papá. Hablemos, pero de otra cosa.

-Okay.

-¿Cómo te fue en Italia?

-Excelente. Me traje unos zapatos increíbles.

-¿Son esos que tenés puestos?

-No, estos son los que me compré en New York.

-Ah... me parecía. ¿Y cómo te fue con lo otro?

-"¿Lo otro?"

-Sí, el motivo por el que viajaste. Digo, no fuiste solo a comprar ropa y zapatos...

-No, no. Obvio que no. Eh... bien. Sí, lo otro fue bien también.

-¿Nada más?

-Sí, no sé... Hice algunos contactos de negocios. Pero no se concretó nada. Ya sabés que no puedo decidir esas cosas yo solo.

-Sí, ya sé... Tenés que hablarlo con Camilo, ¿no?

-Sí, no puedo decidirlo solo.

-Lo que no entiendo es por qué no viajan los dos juntos.

-Ya te dije, amor: no podemos descuidar los asuntos que tenemos acá en Buenos Aires. Si uno viaja el otro se queda.

-Claro... tiene sentido.

Capítulo 5

Una de las ventajas de vivir con tus padres cuando sos grande es que te siguen haciendo el desayuno. Es cierto que uno no tiene tanta independencia como si viviera solo, pero hay que reconocer las cosas buenas. Matías siempre lo tiene presente. Aunque ya tiene 29 años, todos los días su madre lo espera con el desayuno listo. Desayunan en familia alrededor de las 7.30am. Matías, Amanda –su madre– y Omar –su padre–. Todos los días toman exactamente lo mismo: café o té, tostadas con mermelada, jugo de naranja y una fruta. Los fines de semana a veces cambian las tostadas por torta o *croissants*.

El momento del desayuno es el momento de las noticias. Mientras desayunan miran las novedades del día en la Argentina y en el mundo. Esta mañana todos los canales de TV hablaban de lo mismo: la muerte de Carlos Estrada. Los periodistas cuentan lo poco que saben hasta el momento y crean todo tipo de hipótesis. También hablan sobre la vida y los logros del empresario argentino, incluyendo pequeñas entrevistas a personas que lo conocían muy bien.

-¡*Yo lo conozco!* –dice Matías.
-*¿Quién no lo conoce? Bueno, quién no lo conocía* – agrega Omar, su padre–. *El empresario más importante del país.*
-*Yo lo conocía...*
-*¿Lo conocías...? ¿Y de dónde lo conocías?* –le pregunta su madre.

Durante unos segundos piensa que tal vez no sea tan buena idea contar que era su suegro. "*Lo mejor va a ser esperar un poco*", piensa Matías. "*No creo que sea lo mejor decirles ahora que Carlos Estrada era mi suegro. Sí, lo mejor va a ser esperar*".

-*Eh... de la TV, de las noticias. Como lo conocía todo el mundo.*
-*Ah, sí... Bueno, así yo también lo conocía* –dice su madre.

El noticiero muestra en letras grandes: "*MURIÓ CARLOS ESTRADA AHOGADO EN SU PISCINA*". Más abajo, en letras más chicas, seguía:

"Aparentemente, fue un accidente". Los periodistas seguían hablando sobre las circunstancias de la muerte. Lo único que repetían, una y otra vez, era que el cuerpo había aparecido flotando en la piscina de su casa de fin de semana en Pilar. Según contaban los periodistas, la noche anterior había celebrado su cumpleaños con amigos.

> *-Mmm... eso no parece un accidente. No lo veo*
> *probable* –comenta Amanda.
> *-¿Cómo que no parece un accidente?* –le pregunta
> su esposo–. *El tipo apareció muerto en la piscina.*
> *¿Qué otra cosa puede haber sido?*
> *-No sé... lo único que digo es que no me parece que*
> *haya sido un accidente.*
> *-¿Qué querés decir? ¿Que lo mataron?*
> *-No estoy queriendo decir nada. Solo eso...*
> *-¿Decís pero no decís? Ahora decí qué es lo que te*
> *parece. ¿Qué creés que fue?*
> *-No lo sé. No conozco el caso. Pero bien puede haber*
> *sido un crimen.*

Matías escucha enojado la conversación de sus padres. Mantiene silencio hasta que no aguanta más:

-Son pavadas lo que estás diciendo, ma. Tonterías. No tiene sentido lo que estás diciendo.

-¿Por qué me decís eso, hijo?

-Porque no sabés de lo que estás hablando. No lo conocés a Carlos ni a su familia.

-Bueno, eso puede ser. Pero tené en cuenta que hace 25 años que soy jueza. Vi decenas y decenas de casos parecidos.

-Es una locura lo que decís. No tiene sentido –le vuelve a decir, muy enojado.

-Hijo, ¿por qué te ponés de esa manera? Parecés el abogado defensor de la causa.

En la TV ahora muestran una entrevista que le hicieron a Elena el día anterior. Le hacen preguntas personales, le preguntan cosas sobre su padre. A Elena se la ve muy incómoda durante toda la entrevista. A pesar de que es actriz y está acostumbrada a las cámaras, nunca le gustaron las entrevistas ni los periodistas. Al final de la entrevista uno de los periodistas cuenta que Elena es la única heredera de la fortuna de su padre, valuada en más de 10 millones de dólares.

La mayoría de los estudios jurídicos de Buenos Aires están en el Microcentro. Matías y sus colegas también tienen oficinas allí. El viaje desde su casa en Palermo hasta la oficina dura unos 20 minutos. Durante el viaje hasta el trabajo sigue escuchando noticias, pero esta vez en la radio. Hoy en la radio todos están hablando de la muerte de Carlos Estrada. Después de 5 minutos de estar escuchando Matías empieza a cansarse de oír siempre lo mismo, una y otra vez.

En la oficina se vuelve a repetir la discusión que tuvo en casa con su madre, pero esta vez con sus colegas.

-Es obvio que no fue un accidente. No hay que ser un genio para darse cuenta –decía el socio de Matías.
-¿Y cómo estás tan seguro de eso? ¿Cómo podés saberlo? -le preguntaba Matías.
-Matías... ¿en serio me preguntás? El tipo era millonario. Estoy seguro de que detrás de esto hay algo que tiene que ver con plata. No me preguntes qué, pero algo hay.
-Estás loco. Tenés la mente podrida. Solo fue un accidente.

A la noche, al llegar a casa, Matías vuelve a pensar en las charlas que tuvo durante todo el día. Con su madre, con sus colegas, con personas que se encontró en la calle. Todos le decían que lo de Carlos no había sido un accidente. Y a todos Matías les explicaba que sí había sido un accidente, que eso no podía ser ninguna otra cosa más que un accidente. Él estaba seguro de eso. La misma Elena se lo había dicho. Si se lo dijo su propia novia –la hija de Carlos– tenía que ser cierto. Aunque hacía muy poco que se conocían, Matías confiaba plenamente en ella. Si ella le dijo que había sido un accidente, tenía que haber sido un accidente.

Capítulo 6

Toda su vida había soñado con ser jueza. Cuando finalmente la nombraron, Amanda no lo podía creer. Pensaba que nunca llegaría el día en que la confirmarían en uno de los cargos más importantes de la justicia. Ahora hace ya más de 10 años que tiene su propio despacho como jueza. Es una oficina con muebles antiguos, bibliotecas repletas de libros y con un techo altísimo. Tiene todas las comodidades para hacer su trabajo como más le gusta. Si bien es cierto que ahora tiene muchas más responsabilidades, también es verdad que disfruta más de su trabajo.

Hoy, justo antes del mediodía, su secretaria la llama por el teléfono interno:

-*Doctora, acaba de llegar una nota. Un nuevo caso.*
-*Gracias, Mari. ¿Me lo traés cuando venís por acá?*
-*Sí, doctora. En unos minutos se lo alcanzo.*
-*Te agradezco.*

Al regresar de su almuerzo, Amanda encuentra sobre su escritorio un sobre de tamaño oficio, color crema:

es el nuevo caso que le asignaron. Saca las hojas del sobre y lee en la primera página el nombre de la persona. En letras muy grandes se lee "Carlos Estrada". Mira el nombre durante unos segundos, pensando: *"Carlos Estrada... Carlos Estrada. ¿Dónde escuché ese nombre? Me resulta familiar. Tiene nombre de persona famosa... Debe ser alguien famoso, pero no puedo recordar quién. ¿Dónde vi ese nombre?"*. Unos minutos más tarde se acuerda de las noticias que vio en la TV. Carlos Estrada era el empresario tan famoso que había muerto hacía apenas unos días.

Por alguna razón, siempre le habían gustado mucho los casos de personalidades famosas. Muchos jueces intentan evitarlos, porque tienen miedo del poder y dinero de los famosos y sus familias. Este no era el caso de Amanda. Ella siempre había tenido mucha confianza en sí misma, y no sentía ninguna presión por estar a cargo del juicio de una persona famosa. Por eso, le alegró mucho saber que le habían asignado el caso de Carlos Estrada. No quería perder ni un solo segundo en empezar con su trabajo. De inmediato, comenzó a leer todas las notas y artículos que encontró en los diarios online de los últimos días. Quería conocer los hechos según el periodismo.

Los diarios online tenían distintas opiniones sobre la muerte de Carlos Estrada. Algunos hablaban de asesinato, otros de suicidio. Lo cierto es que ninguno de los artículos incluía pruebas claras. La muerte había sido en circunstancias muy extrañas, por lo que aún nadie podía decir qué era lo que realmente había sucedido aquella madrugada. De momento, Amanda solo quería estar al tanto de la información que estaba circulando en el periodismo. *"Ya habrá tiempo más tarde para la investigación"*, pensaba. *"Por ahora necesito saber cuál es la opinión de la gente común, qué les dice su sentido común"*.

Por la noche, al regresar a casa, compartió la noticia con su hijo y su esposo:

>   *-¿Carlos Estrada, el empresario que apareció muerto?* -le preguntó Omar, su marido.
>   *-Sí, el mismo. El que está en todos los noticieros del país. El hombre que apareció ahogado en la piscina de su casa* -le dijo Amanda.
>   *-Lo que son las casualidades, che. Justo hoy que lo estábamos viendo en la TV. Ahora vas a tener la*

oportunidad de investigar y decidir qué fue lo que realmente sucedió con el tipo.

-Veremos cómo sigue...

Matías escuchaba la conversación sorprendido. No podía creer que su propia madre iba a estar a cargo del caso de Carlos, su suegro fallecido. Eso no le gustaba en absoluto, aunque no sabía bien por qué. Era como mezclar la vida familiar, con el trabajo de su madre, con otras tantas cosas. No le gustaba en lo más mínimo. Mientras tanto, sus padres seguían hablando del tema y él se mantenía en silencio. Tenía que hacer un gran esfuerzo para no hacer muecas o gestos con su rostro. Estaba muy nervioso y sabía muy bien que sus padres lo notaban.

-Mati, ¿vos qué opinás? -le preguntó de pronto su madre.

-¿Qué opino de qué?

-¿Cómo "de qué"? De lo que estamos hablando...

-No sé... no estaba prestando atención.

-Estás muy callado últimamente.

-Será que no tengo nada importante para decir.

-¿Estás bien? ¿Te pasa algo?

-Estoy perfecto. No me pasa nada...

Para no seguir con la conversación, se levantó de la silla y fue directo a su cuarto sin agregar nada más.

No era la primera vez que se levantaba de la mesa sin terminar la cena. Con los años sus padres se terminaron acostumbrando. Saben que, en cualquier momento, Matías se puede levantar de la mesa e irse sin dar mayores explicaciones. Mientras sube la escalera Matías piensa en Elena: ¿cómo hará para darle la noticia a su novia? ¿Cómo le dirá que su madre es la jueza que investigará la muerte de Carlos, su padre? No tiene la menor idea. *"Tal vez lo mejor sea dejar que pase el tiempo y que ella se entere sola. No sé cómo se lo podría decir"*. En el fondo sabe muy bien que no es algo que tenga tanta importancia. Pero, así y todo, prefiere evitar hablar del tema con ella.

Justo antes de irse a dormir, suena su celular. Es Elena:

-¿Todo bien, amor? ¿Qué hacías?
-Nada... no hacía nada.
-¿Estás bien? Te escucho raro...

-Estoy bien. Un poco cansado. Justo me iba a ir a dormir. ¿Vos bien?

-Sí... un poco mejor. Seguro que estás bien, ¿no? Sabés que a mí me podés decir todo. Todo lo que necesites.

-Lo sé, amor. Ahora prefiero irme a dormir. Mañana hablamos. Te amo.

Capítulo 7

-¡Omar! ¡Omar, vení un momento, por favor! -le grita Amanda, a su marido.

-¿Qué pasó? ¿Por qué gritás así?

-Mirá la pantalla -le dijo, señalando con el dedo el monitor de la PC.

-No veo nada. No tengo los anteojos. Decime vos, porque no leo nada. ¿Qué es?

-Es el Facebook de Matías -respondió Amanda.

-¿Y qué dice? ¿Puso algo malo?

-Acá dice que "Está en una relación".

-¿Eso era? ¿Por eso tanto escándalo?

-Mati tiene novia, ¡y no nos había dicho nada!

-Amanda, ya es grande. Puede hacer lo que quiera. Él elije cuándo nos quiere contar, si nos quiere contar. No sé por qué tanto alboroto, tanto escándalo.

-Pero... es mi hijo. Soy su madre. ¡Cualquier madre quiere conocer a su nuera!

-Bueno, ya nos lo va a contar. No le digas nada, ni le preguntes. Ya sabés cómo es él.

-Pero, ¿por qué? Soy la madre. ¿Por qué me lo va a ocultar?

-Ya te dije. Él decide cuándo te lo cuenta. No seas pesada.

Matías mira la alarma de su celular enojado: otra vez se quedó dormido. Odia cuando sucede eso. Por suerte aún está a tiempo de comer algo rápido y vestirse. No llegará tarde, pero tampoco tendrá tiempo de darse un baño como todos los días. Como tiene muy poco tiempo se prepara un smoothie de banana y toma unas galletas para el camino. Justo antes de salir de la casa escucha que lo llama su madre:

-¡Mati! Buen día. ¿Tenés un minutito para hablar?
-Estoy llegando tarde al trabajo. Me quedé dormido. Hablamos cuando vuelvo, ¿sí?
-Es algo muy corto. Te quería felicitar.
-¿Felicitar? ¿Por qué?
-Por la novia.
-¿Cómo te enteraste?
-Por Facebook -le dijo su madre, con una gran sonrisa.
-Claro...
-¿Por qué no nos dijiste? Mirá cómo me vengo a enterar.

-No es algo tan serio. No me pareció que hacía falta contarles.

-Es importante, hijo. A mí me gusta que me cuentes esas cosas. A propósito, ¿cuándo vas a traer a la chica a casa?

-No sé... estoy llegando tarde al trabajo. ¿Seguimos después?

-¿Por qué no la invitás a cenar mañana, que es sábado? Invitala a cenar acá, así la conocemos. ¡Quiero conocerla!

-No sé... tal vez más adelante.

-Dale, Mati. ¡La primera novia que te conocemos! ¿Viene mañana? ¡Dale!

-Okay, le pregunto. Pero no te prometo nada.

-¡Bueno, bueno! ¡Y ahora sí andá, que se te hace tarde para el trabajo!

ᴤ ~ ~ ~ ᴣ

En el trabajo Matías piensa en cómo hará para no llevar a Elena a su casa mañana. No quiere presentarla en su casa, pero tampoco quiere mentirle a su madre. Lo primero que se le ocurre es no decirle nada a su novia. Tal vez eso sea lo más fácil. Pero, sabe que si no lleva a Elena a casa su madre seguirá insistiendo hasta que lo haga. Así que, la única opción que queda es invitarla a Elena y rogar que ella no quiera o no pueda ir a su casa.

-¿Mañana? ¿A cenar con tus padres? -le pregunta Elena.
-Sí. Mi mamá se enteró de lo nuestro. Por Facebook. Y ahora quiere conocerte.
-Bueno, dale. Me gusta la idea. Yo también tengo ganas de conocer a tu mamá. Seguro debe ser un amor.

El sábado por la noche, Amanda y Omar preparan la casa para recibir a su nuera. Como es una ocasión especial sacan la vajilla de porcelana, los cubiertos de plata y las copas de cristal. Quieren que Elena se lleve una muy buena impresión. Por eso, también encargaron comida muy costosa. Y, por supuesto, vino y champagne francés. La verdad es que había comida de sobra. Hoy iban a ser solo cuatro personas, pero había comida suficiente como para alimentar a diez o doce. Algo típico de Amanda, siempre que había invitados en casa.

Matías y Elena llegaron a casa poco antes de las 9pm, con algo dulce para el postre. Amanda los recibió en la puerta con una sonrisa enorme:

-¡Hola! ¿Cómo estás, Elena? Qué lindo conocerte.
-Hola, Amanda. ¿Cómo le va? ¡Gracias por la invitación!
-Querida, no hace falta que me trates de "usted". ¡Podés decirme "cómo te va"!
-Bueno, ¿cómo te va? -preguntó otra vez Elena, riendo.
-¡Excelente! Muy muy contenta de que hayan aceptado la invitación.
-Nosotros contentos de que nos hayas invitado.
-Elena, tu cara me resulta conocida. ¿Puede ser que te conozco de algún lugar? Me resultás familiar, de algún lugar.
-Puede ser... yo no recuerdo haberla visto antes. ¡Pero no tengo muy buena memoria! -dijo Elena, sonriendo.

Durante toda la cena Amanda no hace más que hablar de ella y de su trabajo. Le cuenta a su nuera sobre los "supuestos" suicidios que ve todos los meses. *"Por ejemplo, el caso de Carlos Estrada, que ocurrió en estos días"*, dice Amanda. El rostro de Elena, de pronto, se oscurece. Les pide permiso y va al baño. Mientras su novia está en el baño, Matías le dice a su madre:

-¿Cómo vas a decir eso?
-¿Qué cosa? ¿Dije algo malo?
-Lo de Carlos Estrada. Es su padre. Era.
-¿Es Elena, la hija de Carlos Estrada? ¿Por qué no me lo dijiste antes, hijo? Quedé como una irrespetuosa. Qué vergüenza...
-Ya está. Lo único que te pido es que, por favor, no sigas hablando de tu trabajo como jueza. Ahora cuando vuelva pedile disculpas y cambiemos de tema. De todos modos, en un rato nos vamos.
-Bueno, tampoco es para que te enojes.
-No me enojo. Ya se está haciendo tarde.

Capítulo 8

Son poco más de las 12am en San Isidro. Las calles de la ciudad están completamente vacías. Son noches ideales para caminar, solo o en pareja. Las pocas personas que hay en la calle caminan hacia un bar o discoteca. Matías y Elena no saben hacia dónde van, pero de todos modos caminan. Es lo único que pueden hacer en este momento. Se sienten tan incómodos que ninguno de los dos sabe bien qué decir. Matías se siente culpable por no haberle dicho la verdad a Elena. Ella, en cambio, se siente como una estúpida por haber aceptado ir a cenar a casa de sus suegros tan pronto. *"Debí haber esperado más. No sé por qué acepté tan pronto. Fue un error"*, piensa mientras camina mirando el suelo.

-*¿Vamos a un bar?* -le pregunta Matías, sin mirarla.
-*Okay. Pero hoy no voy a tomar.*
-*Bueno, vamos y nos quedamos un rato. Yo tampoco tengo ganas de tomar alcohol.*
-*Bueno...*

Caminan unos 5 minutos hasta el bar más cercano sin decir una sola palabra. Al llegar a una esquina, Matías se detiene, la mira a los ojos y le dice:

-*Perdón. Me porté como un estúpido. Debí decirte que mi mamá era la jueza del caso de tu padre. Perdoname.*
-*Está bien. No es nada. De verdad... Ya está* -le dijo Elena mirándolo también a los ojos.

Matías mira su celular y le dice: *"Aquí a la vuelta hay un bar"*. Es un bar para gente joven, ambientado como en los años 50s. Son casi las 12.30am y aún no hay mucha gente. Eligen una mesa al aire libre y piden dos daiquiris sin alcohol.

-*Entendeme... no sabía bien cómo decírtelo* -le dice Matías-. *Es una situación un poco incómoda. Iba a decírtelo. Eso te lo aseguro.*
-*Bueno, ya está. Me hubiera gustado enterarme de otra manera. Pero ya pasó. Hablemos de otra cosa.*
-*¿Cómo te cayeron mis padres? ¿Qué te parecieron?*
-*Eh... bien. Tu papá es muy simpático. Me cayó bien. Es un personaje.*

-¿Y mi mamá? -le preguntó Matías, con curiosidad.

-Eh...

-No te cayó bien.

-No, no es eso. Tu mamá es bastante directa. Tiene una personalidad fuerte.

-No te gustó lo que dijo de tu padre.

-No, no me gustó. Para nada.

-Bueno, ella es así. Siempre dice lo que piensa. A algunas personas eso les gusta, y a otras no.

-Claro. Bueno, a mí no me gustó escuchar que hable así de mi padre.

-Pero no dijo nada malo. ¿O sí?

-¿Podemos hablar de otra cosa? -le pidió por última vez Elena.

Matías se quedó en silencio unos segundos, sin saber qué responderle. Luego la miró y le dijo con una sonrisa: *"¿Qué tal si vamos al cine?"*. Cuando alguien le hacía una pregunta que lo incomodaba, casi siempre él respondía con otra pregunta. Elena no tenía muchas ganas de ir a ver una película, pero le dijo que sí por compromiso. Matías busca en su celular y ve que aún están a tiempo para ver la última función de una comedia romántica, a la 1.30am.

-¿Qué te parece si vamos a ver esta? -le dice Matías,
mostrándole la pantalla de su celular.
-Está bien. Dale, veamos esa.
-¿Seguro? No te veo muy entusiasmada.
-Debe ser por la hora, y que estoy un poco cansada.
-Bueno, si estás cansada entonces no vayamos. Te vas
a dormir en el cine. Podemos ir otro día.
-No, vamos igual. Si la película me gusta me voy a
enganchar, y no me voy a quedar dormida.
-Okay. Ya compro las entradas online, entonces.

El cine está bastante cerca del bar, pero faltan unos 20 minutos para que empiece la película. Para ir ganando tiempo Matías compra un balde gigante de popcorn y dos gaseosas grandes en el candy store del cine. Elena le ofrece pagar, pero Matías no se lo permite. Nunca acepta que las chicas con las que sale paguen. Siente que es su obligación, como hombre, pagar por los dos. A Elena eso no le molesta, pero a veces le gustaría compartir los gastos.

-Okay, la próxima vez pago yo -le dice Elena.
-Sí, sí, la próxima -comenta Matías.

-Yo también quiero invitarte. No me parece justo que siempre pagues todo vos.
-Puedo pagarlo.
-No se trata de dinero. Ya sé que podés pagarlo. Es otra cosa...
-¿Qué es, entonces? -le pregunta Matías, sin entender a qué se refiere.
-Nada. Olvidalo.

La película, al final, era bastante mala. Era una comedia con muy malos actores y una pésima historia. A Elena no le gustó en lo más mínimo, mientras que a Matías no le pareció tan mala. Aunque él también estaba bastante cansado no se durmió ni siquiera un minuto. Por alguna razón la historia le pareció interesante. Tal vez, porque le hacía acordar a su propia vida. Prácticamente, era la historia de su propia vida en forma de película.

A la salida del cine, Matías le preguntó a Elena:

-No te gustó, ¿no?
-¿Por?
-Te quedaste dormida casi desde el principio de la película.

-Bueno, tampoco desde el principio. Más o menos desde la mitad. Pero, sí es cierto que no me gustó. ¿A vos?

-No estuvo mal -respondió Matías-. *La historia era bastante interesante.*

-¿De verdad te pareció interesante? ¿La historia de un tipo que no puede despegarse de su madre?

-Sí. Es algo que les sucede a muchos tipos.

-No le veo nada de interesante. A mí me parece más bien algo patético.

Capítulo 9

Matías ya sabía que esa noche no iban a dormir juntos. Cuando terminó la película Elena le dijo que estaba demasiado cansada, y que se iba a pedir un Uber para regresar a su casa. Como se había quedado dormida en el cine, Matías prefirió no insistirle demasiado para pasar la noche juntos. Definitivamente, se notaba que estaba bastante cansada. El Uber llegó en menos de 2 minutos. *"Mañana después del mediodía te llamo, ¿sí?"*, le dijo Elena sin demasiado interés. *"Okay. Hablamos mañana. Mandame un mensaje cuando llegues a tu casa, para saber que llegaste bien"*, le dijo Matías después de besarla.

Como todos los domingos, Matías se despertó después de las 10am. Era el único día de la semana en que podía darse el gusto de no usar alarma. Según lo que hacía en la noche del sábado, a veces se despertaba tan tarde que debía saltearse el desayuno y comer directamente el almuerzo. Hoy se levantó alrededor de las 10.30am: aún estaba a tiempo de comer algo de desayuno (el almuerzo de los domingos era a eso de la 1pm). En la cocina estaba su madre preparando algo para la comida del mediodía.

-*Buen día.*

-*Buen día, Mati. ¿Cómo dormiste?* -le preguntó su mamá.

-*Mal. No pude dormir casi nada.*

-*¿Y por qué no volvés a la cama, para ver si podés dormir al menos un poco?*

-*No... ya es bastante tarde. Voy a desayunar algo. Después duermo la siesta. Má, quería pedirte perdón por lo de ayer.*

-*¿Por qué?*

-*Por no decirte nada de Elena. Que era la hija de Carlos Estrada. A ella tampoco le había dicho nada de vos. Estuve mal.*

-*Bueno, ya está hijo. No te preocupes. De verdad.*

-*Creeme que te lo iba a decir, pero después... La verdad es que me sentía un poco incómodo con la situación. Ya sé que no tiene sentido, pero bueno.*

-*Te entiendo, hijo. Quiero que sepas que no cambia nada que Carlos sea el padre de tu novia.*

-*No, claro. Ya lo sé.*

-*Yo voy a hacer mi trabajo como siempre. El trabajo es trabajo y la familia es familia.*

*-Claro. Son dos cosas distintas... Y, hablando de eso,
¿qué te pareció Elena?*

-¿Elena? Me pareció una chica bastante agradable.

-No te noto muy convencida -le dijo Matías, con el
rostro serio.

-Me pareció una buena chica.

Matías terminó su desayuno en silencio, mientras leía
mensajes en su celular. Su madre, entre tanto, volvió
a la preparación de la comida para el almuerzo. Para
ella, cocinar era una especie de meditación. Al
preparar la comida pensaba y reflexionaba en lo que
le había sucedido en los últimos días. Ahora, por
ejemplo, no podía dejar de pensar en la cena que
habían tenido ayer en casa: *"Elena es una chica muy
linda. Y se nota que viene de una buena familia. Pero, hay
algo que no me termina de convencer. No parece muy
amorosa. Sí... creo que es eso. Parece un poco fría. Me
pregunto por qué Matías estará al lado de alguien así. Él
no es así. En absoluto. Pero bueno, de todos modos, es la
primera novia que le conocemos. Tal vez le gustan ese tipo
de chicas".*

Después del almuerzo Amanda recibió un llamado
de su secretaria: la llamó para avisarle que ya había

comprado las entradas para la función de ópera de esta noche. Había conseguido dos entradas para una función especial en el Teatro Colón, a 200 USD cada una. Amanda estaba acostumbrada a gastar esa cantidad de dinero en espectáculos, cenas u otros entretenimientos. Tanto ella como su marido tenían dinero de sobra como para permitirse todos los excesos que quisieran. En lo único que no gastaba dinero era en viajes, pero solo porque le daba miedo subirse a un avión. Si no, probablemente ya hubiera dado la vuelta al mundo varias veces.

Las noches de ópera eran las ocasiones ideales para usar sus vestidos de gala. Tenía varios modelos hechos especialmente a medida por algunos de los mejores diseñadores de moda de Argentina. Lo más difícil siempre era elegir entre todos los vestidos que tenía en el guardarropa (y cómo combinar el vestido con la cartera y los demás accesorios). Prepararse completamente le llevaba unas dos horas, contando el tiempo que pasaba maquillándose y arreglándose el cabello. Omar, su marido, era todo lo contrario: en 15 minutos él estaba listo. Se daba un baño en menos de 10 minutos y se vestía enseguida.

A las 19.30 el chofer los esperaba con el auto encendido, en la puerta de casa. En estas ocasiones el chofer los llevaba hasta el teatro, los esperaba en la zona de Capital Federal y luego los traía de regreso a su casa en San Isidro. A veces, antes de regresar a casa, iban a comer a algún restaurant en Recoleta. Hoy, como llegaron bastante temprano al teatro, prefirieron cenar antes de la función. Los restaurantes que estaban dentro del teatro no eran los mejores, pero tampoco estaban mal. La mayoría de la gente no cenaba allí porque eran extremadamente costosos. Pero eso, al menos para Amanda y Omar, no era un inconveniente.

Cuando iba a la ópera Amanda no podía evitar pensar en su madre. Fue su madre quien le transmitió el amor por la música, el teatro y la ópera. Cuando era pequeña, al menos una vez por mes sus padres la llevaban a ver un concierto. Desde entonces, no pasa un solo mes en que Amanda no vaya al Teatro Colón o a otra de las grandes salas de Buenos Aires. Sola, con Omar o con amigas. Va a ver conciertos para piano, música para ensambles, óperas y ballets. Si es música clásica a ella le gusta, sin importar si es Mozart, Beethoven, Chopin o cualquier otro compositor. Y si toca un intérprete o una orquesta del exterior, tanto mejor.

Capítulo 10

La función comenzaba a las 9pm, por lo que aún tenían algo de tiempo para recorrer los pasillos del teatro. A Omar eso era lo que más le gustaba: pasear por los pasillos en busca de obras de arte. En algunas partes del teatro había óleos y otras obras de pintores famosos. Amanda ya estaba acostumbrada. Desde que se pusieron de novios -hace más de 30 años, Omar le había dicho muy claramente: *"Yo soy un artista, y me voy a dedicar al arte de forma profesional. Pero no voy a ser uno más. Voy a ser el mejor pintor de Argentina"*. Al principio Amanda no le creía, y pensaba que estaba loco. Pero con el tiempo empezó a descubrir que su novio -y futuro esposo, tenía mucho talento para la pintura. Empezaron a encargarle obras de arte de distintas partes del mundo, y hasta lo invitaron a exponer sus obras en uno de los museos más importantes de Europa.

Cuando empezaban a recorrer los pasillos del teatro siempre ocurría lo mismo: Omar quería seguir viendo obras de arte y Amanda quería volver a la sala. A veces, Amanda se cansaba y volvía sola a la sala. Hoy no quería llegar ni un solo minuto tarde: cantaba su soprano favorita. La obra -*La traviata*, de Giuseppe Verdi- ya la había visto unas 20 veces, pero siempre con distintos cantantes y diferentes orquestas. Aunque la ópera era la misma, el resultado siempre era distinto. Eso era lo que más le gustaba de la música clásica y de la ópera. Podía escuchar una misma obra 200, 300 veces y no cansarse nunca de ella. Aunque ahora todo el mundo escucha música online, ella prefiere seguir comprando sus CDs y DVDs. Matías intentó convencerla varias veces, pero no tuvo éxito. Amanda sigue acumulando discos y discos. De hecho, su colección de música clásica ya superó los 1500 discos.

Al empezar la función a Amanda se le vino a la mente un pensamiento extraño: *"Me pregunto qué música le gustaría a Carlos Estrada. ¿Le gustaría también la ópera y la música clásica?"*. Cuando empezaba a trabajar con un nuevo caso, por lo general, no podía dejar de pensar en las personas que estaban involucradas en él. Y esto le sucedía en cualquier momento. Se le ocurrían historias y fantasías sobre la posible vida de Carlos: qué música le gustaba, qué comía, cómo eran sus amigos... Era su forma de empezar a involucrarse con un nuevo caso.

La función empezó unos 5 minutos después de lo planeado. Los lugares que habían conseguido eran realmente excelentes. Podían ver toda la acción de cerca y escuchaban perfectamente tanto a los cantantes como a la orquesta. Después de la introducción orquestal Omar se quedó dormido. Las óperas italianas le resultaban horriblemente aburridas, pero de todos modos le gustaba acompañar a su esposa. (incluso si eso significaba pasar más de la mitad de la función dormido). Por otra parte, como recién acababan de cenar eso le daba aún más sueño. Definitivamente, cenar antes de ver la función no ayudaba en lo más mínimo para quedarse despierto.

En el tiempo intermedio se levantaron unos momentos para estirar las piernas. Amanda aprovechó la ocasión para preguntarle a su esposo:

-¿Y...? ¿Qué te pareció la novia de Matías?
-¿Elena? Así se llamaba, ¿no? -le volvió a preguntar Omar.

-Sí, Elena.

-Yo qué sé... Parece buena chica. No sé. ¿Vos qué opinás?

-¿Eso solo? -le preguntó Amanda, dándole a entender que no le había dado una buena respuesta.

-Sí, eso solo. Yo qué sé... No sé.

-Vos nunca sabés nada de nada. Nunca opinás de nada. Para vos sí que es fácil todo.

-Bueno, ¿cuál es el problema con eso? ¿Acaso no me puedo guardar mi opinión? -se quejó Omar, levantando la mirada.

-Guardate todo lo que quieras.

A Omar no le gustaban las discusiones, pero tampoco le gustaba que Amanda lo presionara para hablar cuando no quería hacerlo. Después de tantos años de casados conocía muy bien la sutileza de los métodos que podía llegar a utilizar su esposa. Amanda era muy buena para sacar información: eso formaba parte de quien era. En su trabajo como jueza necesitaba hacer las preguntas exactas en el momento exacto. Por otra parte, también necesitaba ejercitar su capacidad para sacar buenas conclusiones a partir de lo que escuchaba en diferentes situaciones. Omar, en cambio, tenía otro tipo de habilidades. Por ejemplo, su talento con la pintura, su tranquilidad y su paciencia. Eso, y también otras habilidades que a muchas personas podrían parecerles inútiles, como su capacidad para quedarse dormido en muy poco tiempo. De hecho, unos 10 minutos después de reanudarse la función, volvió a quedarse dormido y no se despertó sino hasta el final.

Al salir del teatro su chofer los esperaba en la puerta del Teatro Colón, tan puntual como siempre. Después de entrar al auto, Claudio -el chofer- le preguntó a Amanda:

-¿Cómo estuvo la función, señora?
-Bien. Ni muy bien, ni sobresaliente. Estuvo bien. La nueva soprano cumplió con lo mínimo esperable, pero no se destacó. Sin dudas, tuve la oportunidad de ver mejores interpretaciones de La traviata.
-¿Y qué le pareció al señor? -le preguntó a Omar.
-El señor se quedó dormido toda la función -dijo Amanda, antes de que Omar pudiera decir una sola palabra.
-No necesito intérprete. Puedo hablar por mí mismo -le dijo Omar a su esposa, con rostro serio.

-Perdón, caballero. Diga, qué le pareció.

-No tengo opinión para dar.

-Qué raro... nunca tenés opinión de nada. Ni de la ópera, ni de la novia de Matías, ni de ninguna otra cosa.

-Claro que tengo opinión. Que no quiera compartirla es algo distinto. Cuando así lo decida voy a contarte a vos o a quien yo decida, lo que yo quiera contar. ¿Por qué tengo que hablar y dar mi opinión cuando no quiero hacerlo, solo porque alguien me hace una pregunta? Soy libre de decir lo que quiero, cuando quiero.

Capítulo 11

La oficina de Amanda está en Puerto Madero, una de las zonas más caras de Buenos Aires. No le queda muy cerca de su casa, pero eso no le importa. En Puerto Madero se siente segura y tiene toda la tranquilidad que necesita para trabajar sin que nadie la moleste. Para ella, eso es especialmente importante. Los casos que le asignan son los más complejos de la justicia: homicidios, robos por mucho dinero, etc. Y casi siempre se trata de personas famosas.

Esta semana debe ponerse a trabajar sobre el caso de Carlos Estrada. Supuestamente, esta mañana deberían estar los resultados de las pericias hechas después de su muerte. Durante el fin de semana pensó en todas las posibilidades habidas y por haber. Por algún motivo que desconoce, le resulta entretenido crear hipótesis sobre las muertes de sus casos, incluso antes de recibir los resultados de las pericias médicas. En el caso de Carlos, imaginó que podría haber muerto de un paro cardíaco, de un derrame cerebral, o de un virus extraño contraído en un viaje reciente. La verdad es que podía ser cualquier cosa.

Poco antes de las 11am Amanda recibió un llamado de su secretaria: ya estaban disponibles los resultados de las pericias médicas. Unos minutos más tarde, Amanda tenía el informe sobre su escritorio. Antes de leer los resultados verificó los datos de Carlos. Todos los datos eran correctos, como siempre (la policía médica nunca se equivocaba). Según el informe Carlos Estrada había sufrido una muerte por asfixia, por haber estado mucho tiempo sumergido bajo el agua y no poder respirar. Considerando que el cuerpo de Carlos había aparecido en una piscina, era una causa de muerte bastante razonable.

Lo más interesante del informe era la segunda parte. Allí aparecían los detalles de los análisis de sangre y demás exámenes médicos que se le hicieron al cuerpo de Carlos. Era uno de los análisis más completos que jamás había visto. La mayor sorpresa fue leer la última parte del análisis: *"El test de alcoholemia dio resultado positivo"*. Esto podía significar una sola cosa: que al momento de ahogarse Carlos ya había tomado mucho alcohol y estaba ebrio. Es difícil saber cuánto alcohol habría tomado esa noche, pero es probable que haya tomado lo suficiente como para perder el conocimiento. Eso se podría averiguar más adelante.

Por la tarde, Amanda recibió el primer testimonio oficial del caso. Varios de los testigos que habían estado en la fiesta de Carlos habían sido invitados a declarar, a dejar sus testimonios. José Luis era uno de ellos. Como era uno de los mejores amigos de Carlos, había sido uno de los primeros en llegar a la fiesta y uno de los últimos en irse. Según lo que le habían contado, era una de las personas más cercanas a Carlos. El relato de la noche de la fiesta tenía una extensión de casi 5 páginas. En estos casos era muy difícil saber cuánto de eso habrá sucedido y cuánto habrá sido imaginado (especialmente, teniendo en cuenta que José Luis probablemente también había bebido bastante alcohol).

Amanda fue directamente hacia el final del testimonio: *"Lo último que recuerdo es haber visto a Carlos diciendo que tenía demasiado calor. Por su voz me di cuenta de que aún no estaba ebrio. Luego lo vi quitarse la camisa y salir al patio. Me asomé por la ventana y vi que afuera se estaba quitando los zapatos y los pantalones.*

Después de eso se zambulló en la piscina. En ese momento me di vuelta y volví a la fiesta. Esa fue la última vez que lo vi. Yo fui uno de los que se fue sin poder saludarlo. Creo que estuvo el resto de la noche en el patio. No sabría decir si estuvo solo o acompañado".

Definitivamente, esto estaba dentro de lo que Amanda esperaba encontrar. Tal vez la única sorpresa fue leer que a mitad de la madrugada Carlos aún no estaba ebrio. *"Eso sí es extraño. Me pregunto si habrá tomado mucho alcohol cuando estuvo afuera en la piscina".* En eso estaba pensando cuando sonó su celular. Era Matías:

-Hola, ma. ¿Cómo estás?
-Bien, hijo. ¿Pasó algo? -le preguntó Amanda.
-No, nada. Todo bien. Te llamo para ver cómo va el trabajo. La investigación...
-Bien, bien. Es el primer día recién, así que estoy leyendo testimonios y relatos de testigos.
-Ah, mirá vos. Y... ¿tenés testimonios de todos los que estuvieron en la fiesta?
-No, claro que no. ¿Por qué me preguntás eso?
-Por nada, por curiosidad.

-Dale, Mati. Te conozco. Soy tu madre. Vos me querés preguntar otra cosa. ¿Querés decirme algo de tu novia?

-No, no... Bueno, sí. Sobre su testimonio...

-¿Qué sucedió con su testimonio?

-Eh... nada. No, no es nada.

-¿Seguro?

-Sí... en realidad ni siquiera yo sé qué es lo que te quiero decir. Perdón. Hacé de cuenta que no te dije nada. Nos vemos más tarde.

Hacía mucho tiempo que Amanda no escuchaba a su hijo de esa manera. La voz de Matías sonaba muy rara. Era una mezcla de ansiedad, miedo y algo más, difícil de describir. ¿Por qué le había dicho eso sobre Elena? ¿Acaso tenía miedo de que ella (Amanda) se enterara de algo sobre el caso? Podía preguntarle directamente a su hijo, pero no quería que se sintiera ofendido.

Después del llamado telefónico Matías, por su parte, también se sentía extraño. No pensaba en otra cosa más que en Elena. Cuando la llamó por teléfono se llevó la gran sorpresa del día: su novia le dijo que estaba planeando un viaje a Europa para la semana siguiente. Él sabía que esa no era una buena idea, y trató de explicárselo: *"No es buena idea viajar ahora. La gente puede sospechar. Lo mejor es que te quedes en Buenos Aires. Al menos hasta que se aclare lo que sucedió"*.

Capítulo 12

La noche de la fiesta – 10.45pm
Carlos, recibiendo a los invitados

Esto es lo que menos me gusta de organizar una fiesta: tener que recibir a todos los invitados. Sería más fácil si la gente entrara y empezara a comer y a tomar, sin tener que saludarlos y recibirlos de a uno. La verdad es que podría haber contratado a alguien para que los reciba. No sé por qué no lo hice. Ahora ya está. Demasiado tarde. Tal vez para el año que viene, si vuelvo a hacer una fiesta.

(Suena el timbre de la casa). Esa debe ser Elena.

-Hola, pa. Feliz cumple. Vine con unas amigas... No hay problema, ¿no?

Vino con las amigas. Me podría haber avisado, al menos. Siempre hace lo mismo.

-¡Claro que no! Pasen, pasen chicas. ¿Comieron algo? Ya estamos sirviendo el sushi, por si tienen hambre.

Estas chicas también deben ser actrices. Al menos tienen mirada de actrices. Deben tener 24 o 25 años – como Elena–, pero parecen más grandes. Debe ser por la ropa o el maquillaje. O porque son actrices. Sí, tienen que ser actrices. Especialmente la más alta.

-¿Ustedes también son actrices, chicas? -les preguntó Carlos, de forma casual.
-Lorena es actriz -dijo Elena, señalando a la más alta de sus amigas.
-¿Puede ser que actuaste en una comedia de Hollywood? -le preguntó Carlos, mirándola a los ojos de forma seductora.
-Eh... no. Tal vez me confunde con otra actriz. No actué nunca en Hollywood, pero me encantaría. Sería un sueño hecho realidad -le respondió Lorena, sonriendo.

Es hermosa. Pero es amiga de tu hija. Olvidate. Además, es muy chica para mí. Debe tener 25 o 26 años, máximo. Bueno, no sé si es chica para mí. Puede que ella piense que yo soy muy grande para ella. Eso sería distinto. Yo, por mi parte, no tengo problemas con que ella sea joven. Pero es amiga de

Elena. Es una locura siquiera imaginar algo con una amiga de mi hija. Mejor no seguir mirándola. Mejor mirar hacia otro lado.

ع ~ ~ ~ ۽

1.37am

-¿Tan temprano y ya estás mezclando bebidas? -le preguntó su amigo Emilio.
-Ya estoy grande para que me digan eso. No me hace nada. Puedo tomar lo que quiera, y no me hace nada -respondió Carlos.
-Bueno... si vos lo decís. De todas formas, no tomés mucho. Acordate de lo que le pasó a José Luis, el de IBM. Él también decía que el alcohol no le hacía nada. Hasta que le agarró el ataque al corazón. Acordate de José Luis.

Este Emilio y su costumbre de andar asustando a la gente. No sé para qué lo sigo invitando. Siempre lo mismo. Siempre con eso de *"no tomés tanto"*, *"no mezclés vino con whisky o con otra bebida"*. Me tiene harto, cansado. Yo no me meto con él, no le doy consejos. No sé quién se cree que es para decirme a mí lo que tengo que tomar o lo que tengo que hacer. Al menos no me dice nada sobre lo que como. Eso sí ya sería el colmo. De todos modos, no va a haber una próxima vez. Esta es la última vez que lo invito a una reunión así.

$$\xi \sim \sim \sim \xi$$

3.21am

Esto es lo que más me gusta de hacer estas reuniones: los juegos con la gente. Divertirme con amigos. Esto no lo compra ni toda la plata del mundo. No tiene precio. Realmente soy afortunado. Pero no soy afortunado por tener una fortuna. Soy afortunado por tener los amigos que tengo. Toda esta gente vino acá especialmente para compartir esto conmigo. Si mañana perdiera todos los millones de dólares que tengo no sería tan grave. Después de todo, los podría volver a ganar. Con mis amigos no siento lo mismo. Si mañana perdiera todos estos amigos me sentiría tan infeliz. Porque sé que los amigos no se hacen tan rápido. Tener estas amistades me llevó muchos años. Espero conservarlas durante muchos años más.

Son más de las 3 y media, pero sigue haciendo calor. Incluso con el aire acondicionado al máximo. Creo que más tarde voy a meterme en la piscina. Después de todo, estoy en mi casa. Si alguien quiere ir afuera y acompañarme, que lo haga. Y los que no, que se queden adentro charlando, comiendo o haciendo lo que sea. Sí, necesito refrescarme en la pileta. Es un calor insoportable.

ξ ~ ~ ~ ζ

4.54am

-*¿Cómo está el agua, Carlitos?* -le preguntó Sergio.
-*Bien. Fresca* -respondió Carlos, dentro de la piscina-. *¿Por qué no te metés un rato?*
-*No, no traje ropa para nadar* -le dijo, riendo.
-*No necesitás ninguna ropa para nadar. Yo no me puse ninguna ropa especial. Me saqué la camisa y el pantalón. Y me tiré al agua.*
-*Sabés que ya me estoy yendo. En un rato me vuelvo para mi casa. Te saludo, Carlitos. ¡Y gracias por todo! ¡Como siempre!*

Todos se acercan a la pileta, pero ninguno se mete al agua. Ni siquiera se quedan charlando un rato acá en el patio. A veces me pregunto si de verdad me aprecian como amigo o si me aprecian por todo el dinero que tengo. Lo mismo que las chicas que se me acercan. ¿Cuántas de las chicas que se me acercan lo hacen por mi plata, por todo lo que tengo? Cuando empiece a donar y a regalar el dinero lo voy a averiguar. Eso sí va a ser interesante. Ver quiénes siguen siendo mis amigos y quiénes empiezan a alejarse de mi vida.

Capítulo 13

La madrugada de la fiesta – 5.30am
Carlos, en la piscina

-Veo que le gusta mucho nadar -le dijo Lorena, acercándose a la piscina.

-Me gusta el agua. Nadar no me gusta tanto -comentó Carlos-. No es necesario que me trates de "usted". Podés decirme "veo que **te** gusta mucho nadar".

-Bueno, le agradezco. Eh... digo, te agradezco.

-No soy tan grande como te imaginás. No sé por qué la gente más joven me habla de forma tan respetuosa. Me hacen sentir un anciano.

-No sé qué edad tiene... digo, tenés! No sé qué edad tenés, pero tampoco me parece tan importante. En mi trabajo como actriz los directores a veces me dan roles de mujeres más grandes. La edad es relativa... lo importante es la madurez, la experiencia.

-Claro, es que en el cine está el maquillaje. Las maquilladoras pueden hacer que la gente se vea más joven o más grande. ¡Pero en la vida real no! Los que somos viejos nos vemos como viejos.

-A mí no me parecés para nada "viejo". Al contrario. Creo que estás muy bien físicamente para la edad que debés tener.

-¡Jaja! "Para la edad que debés tener". Eso lo dice todo. Debo tener edad de viejo, ¿no? -le preguntó Carlos, riendo.

-Yo no dije eso -respondió Lorena, acercándose un poco más a la piscina.

-¿No te querés meter?

-No traje ropa para meterme al agua. Tengo solo este vestido. No creo que sea buena idea meterme con el vestido puesto.

-No, desde ya que no. Pero no necesitás meterte con el vestido. Podés quitártelo.

-Mmm... -exclamó Lorena, mirando hacia los costados para ver si había otras personas en el patio-. *No hay nadie más acá afuera, pero... no sé. Tengo ropa interior debajo, pero igual... Me da un poco de vergüenza.*

-¿"Vergüenza"? ¿Por qué? No tiene nada de malo -dijo Carlos, mirándola a los ojos con ternura para convencerla.

-Eh... creo que te están buscando -comentó Lorena, señalando a una pareja que se acercaba hacia la piscina.

-Carlos, nosotros ya nos vamos -dijo el hombre que se acercaba, con la que parecía su novia o esposa-. *Mañana tenemos un vuelo a Francia que sale a las 12.30pm. Necesitamos dormir al menos un par de horas. ¡Nos encantó la fiesta! Gracias por la invitación.*
-Vayan nomás, Antonio. Un gusto compartir esto con ustedes. De verdad. Vayan nomás. Y, ¡bon voyage! -exclamó Carlos, levantando el brazo para saludarlos.

Después de las 6am los invitados empiezan a saludar a Carlos para regresar a sus casas. La mayoría están más o menos ebrios. Durante toda la noche los mozos no dejaron de servir bebidas alcohólicas ni un solo minuto. Era como estar en los casinos de Las Vegas, en los que todo el tiempo el personal ofrece bebidas gratis a los clientes. A estas horas de la madrugada hasta Elena estaba ebria, totalmente borracha. Por eso, se fue a acostar directamente a su cuarto sin siquiera saludar a su padre o a sus amigas. Ya eran más de las 6.30am. Pero el tiempo era lo de menos: al día siguiente no necesitaba levantarse temprano. Podría dormir hasta las 2 o 3 de la tarde.

Mientras tanto, en el patio, Carlos estaba a punto de convencer a Lorena de meterse a la piscina.

-Bueno, ahora ya no tenés más excusas. Ya se fueron todos los invitados y Elena está durmiendo, según me dijeron. Nadie te puede ver. ¿Te vas a meter al agua o no? -le preguntó Carlos, con una sonrisa seductora.

-Debe estar fría, ¿no?

-Para nada. Metete que está muy linda. Dale. Ya son las 7 de la mañana. En menos de una hora llegan las empleadas de limpieza.

-Okay. Me convenciste -dijo Lorena, quitándose el vestido y metiéndose al agua-. *¡Está fría! ¡Me mentiste!* -exclamó, fingiendo estar enojada.

-Bueno, tampoco es para tanto. No está tan fría.

-Creo que necesito una copa de algo para entrar en calor -dijo Lorena, mientras miraba dos copas de vino que había dejado justo al borde de la piscina-. *Tomemos la última copa, ¿dale?*

-Okay, la última de verdad. ¿Qué elegís? ¿Tinto o blanco?

-Blanco -respondió Lorena, tomando la copa de vino blanco y acercándole a Carlos la de vino tinto.

ξ ~ ~ ~ 3

10.05am

-¡Elena! ¡Elena! Su padre... –gritó Ana María
desesperada, sin saber cómo terminar la frase.
-¿Qué sucede con mi padre? -le preguntó Elena,
más dormida que despierta, mientras se
incorporaba en su cama.
-Mire... -dijo, señalando con el dedo hacia la
ventana que daba al parque de la casa.

Elena mira por la ventana y ve el cuerpo de su padre
en la piscina, boca abajo. Inmediatamente, se le
vienen decenas de pensamientos a la mente. Esta era
una imagen con la que había soñado y fantaseado
muchas veces desde hacía varios meses. Finalmente
se había vuelto realidad. Sabía que su padre estaba
muerto. Al verlo en la piscina no le quedaba ninguna
duda, pero necesitaba guardar las apariencias. En
este momento no podía permitir que nadie sospeche
de ella. Debía hacer algún tipo de escándalo. Gritarle
a la empleada, fingir un ataque de nervios o algo
parecido. Cualquier cosa que ayude a guardar las
apariencias. Cuanto más exagerado, mejor. Eso, y

también llamar a Lorena. No debía olvidarse de su amiga Lorena.

"Lorena... dónde estás? -le escribió Elena a su amiga, por Whatsapp-. *Te estoy llamando al celular y no me atendés. Tenemos que hablar. Llamame"*.

Capítulo 14

El martes se cumplieron 10 días de la muerte de Carlos Estrada. La investigación sigue adelante con más fuerza que nunca. Todo el país sigue de cerca los avances del caso, ansiosos por saber si lo de Carlos fue un suicidio, un crimen o un accidente. Los amigos y socios de Carlos siguen atentos las novedades, con la esperanza de que el caso se esclarezca lo antes posible. Elena también está al tanto de los últimos avances. Por alguna razón, ella es la que está más nerviosa. No le gusta en lo más mínimo que sea Amanda -su propia suegra- la persona que esté a cargo del caso. Pensar que será ella quien tendrá la decisión final le da escalofríos.

-¿Podés hablar, Mati?
-Sí, amor. ¿Cómo estás?
-Bien, acá en casa -le respondió Elena a su novio, sin entusiasmo.
-Te escucho cansada. O, al menos, con la voz cansada.
-Puede ser... aunque, me parece que estoy más ansiosa que cansada.

-¿Ansiosa? ¿Por qué ansiosa? -preguntó Matías, con curiosidad.

-Por tu mamá. Por la investigación.

-No entiendo. ¿De qué hablás?

-No sé... tengo la sensación de que en cualquier momento me va a empezar a investigar también a mí.

-Bueno, pero eso sería normal. Es su trabajo. Ella tiene que investigar a todos por igual. Incluso a su nuera.

-Justamente por eso. Viste cómo son las suegras con las nueras. Viste que, en general, no se llevan muy bien...

-No es el caso de ustedes. Vos no tenés ningún problema con mi mamá. Y ella con vos tampoco.

-Sí... pero igual. Estoy un poco ansiosa con eso.

-No tenés por qué. ¿Por qué "ansiosa"? Vos ahora podés estar tranquila. Si no hiciste nada, no sucederá nada.

-¿Qué querés decir? -le preguntó Elena, con tono de reproche.

-Eso. Que si no hiciste nada, no va a pasar nada. Si no tuviste nada que ver con la muerte de tu papá, no va a pasar nada.

-¿Estás insinuando que pude haber tenido algo que ver con lo de mi papá? ¿Eso es lo que querés decir?

*-No, mi amor. No malinterpretes lo que digo. No fue
eso lo que quise decir. En resumen: no te compliques
más. Quedate tranquila. No va a pasar nada.*

Desde la semana pasada Elena está enviando decenas
de postulaciones para castings. Envía links a los
videos de YouTube que tiene publicados, en los que
se la ve actuando en mini-series online para distintos
sitios web. Tiene bastante talento y le encanta actuar,
pero, a pesar de eso, no consigue roles en películas.
Lo único que le ofrecen desde hace meses son roles
de *"extra"*. Pero ya está cansada de eso. Siente que de
ahora en más debe intentar conseguir roles
protagónicos o secundarios en películas. No le
importa el género; eso es lo de menos. Está dispuesta
a actuar en películas de acción, drama, comedia o
ciencia ficción. Lo único que quiere es empezar a
actuar.

Al principio creía que su apellido le abriría muchas
puertas. No pasó mucho tiempo hasta que descubrió
que a nadie le llamaba la atención que se llamara
"Elena Estrada". Realmente, a nadie se le cruzaba por
la cabeza que podía llegar a ser la hija del famoso
Carlos Estrada. Después de la muerte de Carlos, eso

cambió. De repente, el apellido *"Estrada"* se escuchaba por todas partes. La gente no dejaba de hablar de la muerte del famoso empresario. Por otra parte, Elena aparecía en la TV, en breves entrevistas que le hacían en la calle. Ahora, de pronto, se había vuelto más conocida. Pero eso no cambió su suerte en lo más mínimo. Las productoras de cine ahora le decían que preferían *"no trabajar con la hija de Carlos Estrada"*. De hecho, preferían no contratar a personas que vinieran de familias de mucho dinero o poder.

Al no recibir respuestas positivas de las productoras de cine de Argentina, decide probar suerte enviando sus videos al exterior. Tiene la esperanza de que, si a alguien le gustan los videos de muestra que está enviando, la llamen para hacer un casting en otra ciudad y empezar a filmar una película. Según lo que encontró en Internet, México sería un buen país para probar suerte. Allí se filma una buena cantidad de películas y telenovelas a lo largo de todo el año. En principio le gustaría participar en una película, aunque también estaría dispuesta a actuar en telenovelas.

En un momento impulsivo se le ocurre: *"¿Por qué no sacar un pasaje de avión a México? Si estuviera allí seguramente tendría más oportunidades".* Sin pensarlo dos veces, prende su computadora y entra a un sitio web para comprar pasajes para volar al exterior. Ingresa la ciudad de destino, la fecha deseada y pulsa *"Enter".* Al momento de ingresar su nombre, apellido y número de documento (todos los datos de identificación personal), recibe un mensaje de error: *"Lamentablemente, usted no tiene permiso legal para viajar al exterior. Para mayor información, comuníquese con un representante legal".* Intentó nuevamente, dos, tres, cuatro veces. Siempre recibía el mismo mensaje. Desesperada, llamó por teléfono a Matías:

-¿Por qué me hace esto tu mamá? ¿Por qué me trata como si fuera una criminal?
-¿De qué hablás, Elena? -le preguntó Matías, sorprendido.
-Quise comprar un pasaje de avión a México y no pude hacerlo. El sistema me dice que no tengo "permiso legal para viajar al exterior". Esto lo hizo tu mamá.

-Es algo normal que se hace en todos estos casos.
Pero... ¿ibas a viajar a México sin decirme nada?
¿Por qué no me dijiste?

-Iba a decirte, después. Fue todo muy rápido. ¡No te
enojes, por favor!

-No me enojo, Elena, pero no entiendo. Ya habíamos
hablado de esto. Ya te había explicado que por ahora
no tenés que salir del país. No entiendo por qué no
escuchás mis consejos.

-¡Perdón, Mati! Perdoname. Te juro que no voy a
hacer más estupideces. De verdad.

Capítulo 15

La mañana siguiente a la fiesta – 10.46am

El cuerpo de Carlos estaba totalmente hinchado, rígido y pesado. Para sacarlo de la piscina hizo falta la fuerza de dos hombres robustos. Recién cuando lograron sacarlo del agua y pusieron el cuerpo boca arriba se dieron cuenta de que Carlos estaba completamente desnudo. Los médicos intentaron reanimarlo durante algunos minutos, pero ya sabían que era en vano. Carlos estaba muerto. No había la menor esperanza de reanimarlo.

Entretanto, la policía intentaba calmar a Elena, que estaba en medio de un ataque de llanto y de nervios. No podía dejar de gritar y llorar. Parecía la escena de alguna película dramática en la que podría haber actuado. Las empleadas de Carlos miraban a Elena y no sabían hasta qué punto todo ese llanto era real o tenía algo de exageración. Después de todo, Elena era actriz. No sería la primera vez en que las empleadas la hubieran visto exagerar alguna reacción emocional. Sabían que Elena era de hacer ese tipo de cosas.

Uno de los oficiales de policía le dijo a Elena:

-Necesitamos que despejen el área. Tenemos que investigar la zona de la piscina. Les pedimos por favor que regresen a la casa. Luego iremos adentro para volver a hablar con ustedes. Gracias.

Cerca de la piscina había algunas sillas para tomar sol, un pantalón, una camisa y un par de zapatos. Al verlos, el oficial inmediatamente se dio cuenta de que esas debían ser prendas de vestir de Carlos. Junto a la ropa había dos copas de vino. Una estaba vacía; la otra por la mitad. Dentro de la piscina no parecía haber objetos flotando. Después de una hora, uno de los investigadores encontró un anillo de mujer en el fondo del agua. Es posible que fuera un anillo de Elena, pero no debían descartar otras hipótesis. En este momento, lo más importante era recolectar pruebas. Todo tipo de pruebas.

ε ~ ~ ~ з

Ya hace 11 días desde la muerte de Carlos. En la mañana del miércoles llegaron nuevos resultados de los exámenes médicos que se le hicieron a su cuerpo. La mayor novedad fue que se encontraron residuos de sustancias químicas en sangre. Amanda se pregunta cómo es posible que eso no haya salido en el primer análisis, aunque sabe muy bien que estas son cosas que suceden. Este resultado cambia totalmente el panorama del caso. Ahora se podría considerar la hipótesis de muerte por envenenamiento (homicidio) o incluso suicidio.

A esta altura, casi todos los que habían estado presentes en la fiesta de Carlos ya habían dado su testimonio. Contaron qué fue lo que sucedió en la noche de la fiesta y cuándo fue la última vez que vieron a Carlos. Un nuevo dato que se repetía en la mayoría de los testimonios: todos coincidían en que la última vez en que lo habían visto estaba en la piscina acompañado por una chica joven. Nadie sabía el nombre de la chica, pero muchos la habían visto cerca de Elena durante toda la noche. Por esa razón, Amanda llegó a la conclusión de que esta chica probablemente era una de las amigas que habían llegado a la fiesta con ella.

De un momento a otro, las amigas de Elena se habían convertido en las principales sospechosas del caso. Amanda no tenía sus testimonios, pero sabía que eran tres. En menos de un día logró obtener la información que necesitaba: sus nombres completos y una fotografía personal de cada una de ellas. Eso era suficiente para comenzar a buscarlas en toda la ciudad de Buenos Aires. De ser necesario, luego habría que extender la búsqueda al resto del país. Para obtener sus testimonios debían localizarlas cuanto antes, por lo que era crucial evitar que salgan del territorio nacional. Amanda informó a las autoridades de todo el país y ellas, a su vez, se encargaron de comunicar la noticia a todas las aerolíneas que trabajaban en Argentina.

La siguiente novedad llegó recién el día sábado por la noche. Las tres amigas (Lorena, Natalia y Josefina) estaban a punto de embarcar en un vuelo a Bariloche. Al momento de mostrar sus identificaciones personales, las tres fueron detenidas en el aeropuerto de Ezeiza, en Buenos Aires. Un oficial de policía les informó la razón por la que estaban siendo detenidas y las llevó hasta la estación de policía más cercana.

Dos horas más tarde llegó uno de los fiscales del caso. Allí mismo, las tres amigas de Elena no tuvieron más opción que dejar su testimonio sobre lo que ocurrió la noche en que murió Carlos Estrada.

Natalia y Josefina contaron todos los detalles sobre lo ocurrido aquella noche. Respondieron a todas las preguntas del fiscal y se mostraron dispuestas a colaborar en todo lo que fuera necesario. Lorena, en cambio, se negó a hacer su declaración. Era la única opción que tenía. No podía decir la verdad, pero tampoco podía mentir. Sabía perfectamente que los fiscales estaban muy bien entrenados para detectar hasta la más pequeña mentira. La mejor estrategia, en estos casos, era negarse a declarar.

-Antes de dar mi testimonio quiero hablar con mi abogado -dijo Lorena, con rostro muy serio.
-No necesitás hacerlo, si no querés. Podés dar tu declaración y hablar con tu abogado después, más tarde. Tus amigas ya dieron su testimonio.
-Bien por ellas -comentó Lorena.
-Mirá que esto no va a cambiar nada -le dijo el fiscal-. *Lo único que lográs con esto es complicar las cosas, alargar todo el proceso.*

-Tengo derecho a hablar con mi abogado antes de hacer cualquier declaración. Nadie me puede obligar a hablar. No me importa si es un fiscal, un juez, o lo que sea.

-Lo que digo es que, si no tenés nada que ocultar, podés dar tu testimonio ahora. No va a pasar nada.

-Ya lo sé. Prefiero esperar a mi abogado.

Capítulo 16

El abogado de Lorena llega a la estación de policía alrededor de las 3.30am. Sabe que puede confiar plenamente en él, ya que fue el abogado de su familia durante 30 años. Al mismo tiempo, se siente en la obligación de decirle la verdad. Necesita contarle lo que sucedió aquella noche. Sabe que seguir ocultando lo que pasó, seguir sosteniendo una mentira no la llevará a ninguna parte. Al contrario. Lo más probable es que la perjudique. De hecho, eso mismo fue lo que entonces le dijo Alejandro, su abogado.

> *-Es importante que me digas la verdad sobre lo que pasó esa noche. Si no, no te voy a poder ayudar. Es importante que no me ocultes nada de lo que sucedió.*
> *-Mis papás se van a querer morir...* -comentó Lorena, al borde de las lágrimas.
> *-No pienses en eso ahora. Contame lo que pasó esa noche, así te puedo ayudar.*

Lorena le cuenta qué fue lo que sucedió en la noche de la fiesta de Carlos, desde que llegó hasta el momento en que se fue de la casa, poco después de las 7.30am. Le habló del momento en que se acercó a la piscina para charlar con Carlos. Cuando le dijo lo de las copas de vino se puso a llorar.

-Elena me había prometido dinero a cambio de darle esa pastilla a su padre. Tenía que hacerlo al final de la fiesta, cuando ya no hubiera nadie -siguió relatando Lorena, entre llantos.

-¿Y Lorena te dio ese dinero? -le preguntó Alejandro.

-Sí, una parte. Me dio una parte antes de la fiesta. Y quedamos en que me daría el resto después. Aún no me lo dió.

-¿Volviste a hablar con Elena desde la muerte de Carlos?

-Solo dos veces. Siempre que la llamo para preguntarle por el resto del dinero no me atiende. Y las veces que la llamé desde otro número me cortó enseguida. La última vez que hablamos me dijo que no quiere volver a escuchar nunca más de mí. Me dijo que desaparezca de su vida.

-Mirá, Lorena... voy a hacer honesto con vos. Tu situación no es nada fácil. En este tipo de casos lo mejor que podemos hacer es no complicarlo aún más.

Los fiscales tienen todas las pruebas del caso: las copas, la ropa de Carlos, etc. Y van a encontrar tus huellas digitales. Por eso, lo mejor que podemos hacer es ir con la verdad. Decirles que hiciste lo que hiciste. Así, al menos, evitaremos complicar el asunto.

Mientras escucha las palabras de su abogado, Lorena piensa en sus padres. ¿Qué dirán cuando se enteren de que es una asesina? Porque, tarde o temprano se enterarán. No hay dudas de que, de aquí en más, Lorena no puede seguir negando lo que tarde o temprano se descubrirá. Si no admite su culpabilidad en el caso, eventualmente los investigadores sabrán que fue ella quien le dio a Carlos la pastilla letal. La mayoría de los invitados la vieron en la piscina a la madrugada, justo antes de irse de la fiesta. Y, además, están las huellas digitales en las copas. En lo único que piensa ahora es en por qué no se llevó esas copas con ella. ¿Qué necesidad tenía de dejar tantas pruebas al alcance de la mano? Pero, pensar en eso ahora no tenía sentido.

Cuando el fiscal volvió a entrar a la oficina, Lorena y su abogado aún estaban hablando:

-¿Puedo tomar tu testimonio ahora? -le preguntó a Lorena.
-Sí, está bien.

Alejandro se levantó lentamente de su silla y se retiró de la oficina, diciéndole a Lorena en voz baja que la esperaría afuera una vez termine de dar su testimonio frente al fiscal. Para Lorena, la charla con el fiscal fue más difícil de lo que se imaginaba. Con él no tenía la más mínima confianza, por lo que le daba mucha vergüenza contarle todo lo que había sucedido la madrugada de aquel sábado en que murió Carlos.

-Entonces, ¿vos sabías qué era lo que iba a suceder cuando Carlos tomara esa pastilla? -le preguntó el fiscal, con curiosidad.
-Sí, claro que sabía.
-¿Y cómo la obtuviste?
-Me la dio Elena, el día anterior a la fiesta.
-Okay... ahora necesito que me cuentes un poco más sobre lo que sucedió cuando Carlos tomó la pastilla.
-Cuando la tomó no sucedió nada. La pastilla estaba disuelta en el vino, por lo que ni siquiera se dio cuenta de eso. Un minuto después empezó a sentirse

mareado. O, al menos, eso era lo que me decía. Me
pedía ayuda, quería que lo ayude a salir de la piscina.
Apenas podía articular las palabras.
-¿Y vos qué hiciste? -volvió a preguntar el fiscal.
-Yo salí de la piscina, sola. Y me quedé cerca,
mirándolo con atención y sin decir nada. Eso no debe
haber durado más de 30 segundos, o 1 minuto.
Después de eso perdió la consciencia, y quedó
flotando en el agua, boca abajo.
-¿Qué sucedió luego?
-Me puse mi vestido y me fui de la casa, lo más rápido
que pude.
-¿Alguien te vio salir de la casa?
-Sí, la persona de seguridad que estaba en la entrada
de la casa. El puesto de seguridad estaba bastante
lejos del patio y de la piscina.

El fiscal baja la mirada y toma algunas notas en un
cuaderno con tapa negra. Escribe en silencio, a toda
velocidad, sin levantar la vista por un segundo.
Lorena lo mira con impaciencia, esperando que
vuelva a hacerle una pregunta. Pero el fiscal no hace
más que escribir. Al terminar de tomar sus notas, le
pregunta:

-¿Hay algo más que te gustaría agregar? ¿Algo más que te faltó contarme?

-Sí... quería decirle que estoy arrepentida. Yo no quería hacerlo. Elena me convenció. Ni siquiera necesitaba la plata. No sé por qué lo hice. Estoy muy arrepentida -le dijo, llorando desconsoladamente-. Sé que ahora voy a ser juzgada. ¿Hay algo que pueda hacer, ahora?

-Lo mejor que podés hacer es seguir diciendo la verdad. Y no ocultar nada.

Capítulo 17

El miércoles siguiente, el fiscal que entrevistó a Lorena se reunió con Amanda en un bar del centro de la ciudad. En general, Amanda no acostumbraba a organizar este tipo de reuniones antes de la fecha del juicio, pero, en este caso, se trataba de una situación muy especial. Por eso, decidió hacer una excepción para escuchar las novedades que tenía el fiscal después de tomar el testimonio de Lorena.

-Lorena se declaró culpable. No me lo dijo así, de esta manera, pero está claro que fue la responsable de la muerte de Carlos -le dijo el fiscal a Amanda, después de beber un sorbo de café.

-Esto sí que es una sorpresa -exclamó Amanda-. *Contame más, por favor.*

-Ella fue quien puso la pastilla en la copa de vino, y quien se la dio a tomar.

-¿Y te dijo por qué lo hizo? -preguntó Amanda, más sorprendida aún.

-Sí. Y eso es justamente lo más inesperado.

-Decimeló. ¿Por qué le dio la pastilla?

-Se lo pidió Elena, la hija de Carlos.

-¿Elena? ¿Elena Estrada? -le volvió a preguntar Amanda, con una mezcla de espanto y sorpresa. *-Sí, la misma. Lorena dice que se lo encargó, a cambio de dinero. Increíble, ¿no?*

Después de esta breve charla, Amanda se disculpó con el fiscal y le dijo que debía irse. No podía aguantar seguir hablando del tema; le resultaba insoportable. Se sentía tan mal que ni siquiera tenía fuerzas para manejar. Pidió un Uber en la puerta del bar, para que la lleve de regreso a su casa en San Isidro. En el auto pensó largamente sobre las consecuencias de lo que le acababa de contar el fiscal. Según lo que le dijo, Elena -su nuera-, fue la autora intelectual del crimen de Carlos. Aunque no fue ella quien le dio la pastilla, fue la responsable de la muerte. Si Elena no le hubiera pedido a Lorena que le dé la pastilla letal a su padre, él no hubiera muerto. Aunque, pensándolo un poco, tal vez todo esto sea muy apresurado. ¿Cómo puede estar tan segura de que todo lo que Lorena le dijo al fiscal sea cierto? Ni siquiera puede estar segura de que realmente sea Lorena quien le dio esa pastilla. Es cierto que ella se declaró culpable, pero aún faltan las pruebas. Para ello será necesario tomar sus huellas digitales y compararlas con las huellas que quedaron en las copas de vino. También había otras posibilidades.

Amanda quería creer que podía haber otras explicaciones. Por ejemplo, que Lorena haya sido quien le dio la pastilla a Carlos, pero que lo haya hecho por voluntad propia. Es decir, que no haya sido Elena quien le hubiera pedido que lo haga. Sin duda, era otra explicación posible. De pronto, se le ocurrió que Lorena podía tener motivos personales para intentar vengarse de Elena. Y, ¿qué mejor forma que acusarla de ser la autora intelectual del crimen de su padre? En cualquier caso, aún faltaban datos. Todavía quedaba por escuchar el testimonio de Elena. Pero para eso debería esperar al día del juicio.

ક ~ ~ ~ ક

Desde la última vez que hablaron, la relación entre Elena y Matías ya no es la misma. Matías ya no confía en ella como antes. Tiene la sensación de que su novia, así como le ocultó su intención de viajar a México, le puede estar ocultando muchas otras cosas. Pero, a pesar de eso, sigue enamorado de ella como el primer día. No podría imaginarse vivir sin Elena.

El miércoles por la tarde, antes de cenar, la llama por
teléfono:

-¿Cómo estás, Ele?
*-Mal. Me sigo sintiendo culpable, por lo que no te
dije. No me merezco estar al lado de alguien como
vos.*
-¿Por qué decís eso? Yo sí quiero seguir con vos.
*-Sos muy bueno para mí. Tal vez sea mejor que te
busques una chica buena como vos. Yo no soy así.*
*-Elena, yo te quiero así como sos. Te amo así como
sos. Además, no es tan grave ocultar algo. No seas
exagerada...*
-No soy exagerada...
-Veamonós. Paso por tu casa y vamos a cenar, ¿dale?
*-No... no puedo. Me da vergüenza que nos veamos
después de lo que pasó.*
*-Okay, entonces sigamos hablando por teléfono. Pero
hablemos.*
-Okay... -dijo Elena, resignada.
-¿Querés que sigamos hablando?
-Sí, sí... es solo que... eso que te decía.
-¿Qué? -le preguntó Matías, impaciente.

-Que te merecés una chica mejor que yo. No te merecés estar con alguien como yo.

-¿Por qué no? ¿Porque me ocultaste algo una vez? ¿Solo por eso?

-Pero, ¿cómo vas a volver a confiar en mí? ¿Vas a poder volver a confiar? Yo ya sé... no va a ser lo mismo que antes.

-Podemos intentarlo. Yo quiero seguir al lado tuyo. ¿Vos querés seguir conmigo?

-Sí, yo también.

-Y bueno, ¿entonces? ¿Por qué no volver a intentarlo, una vez más? Yo puedo perdonarte lo que pasó. Hagamos de cuenta que empezamos de nuevo. Quiero darte otra oportunidad más. Una más.

-Okay, está bien. Pero... -comentó Elena.

-¿"Pero..."?

-¿Y tu mamá?

-¿Qué pasa con mi mamá?

-A tu mamá no le va a gustar nada cuando se entere de que quise viajar a México. Puede empezar a sospechar. Va a sospechar de mí. Eso me da miedo. ¿Qué hago si sospecha de mí?

-Es una locura lo que estás diciendo. ¿Cómo va a sospechar de vos?

-No sé... pensé.

-Pero sos la hija de Carlos.

-Por eso mismo. Puede sospechar de mí. Que tuve algo que ver con su muerte.

-Elena, ¿te escuchás lo que estás diciendo? No tiene el menor sentido. A ninguna hija se le ocurriría matar a su propio padre.

Capítulo 18

Un día después, Amanda sigue pensando en lo que le contó el fiscal principal del caso. Aún no tiene la certeza de que Elena haya sido la autora intelectual del crimen (si es que realmente la muerte de Carlos fue un crimen), pero tiene una corazonada. Su intuición le dice que Elena tiene algo que ver con lo que sucedió aquella noche. Una de las principales razones que llevan a Amanda a sospechar de ella es que Elena nunca se mostró demasiado afectada por la muerte de su padre. Es cierto que algunas personas no son muy demostrativas, en lo que refiere a sus emociones. Y en el caso de Elena con su padre esto era muy evidente. Lo que no sabía era cómo iba a decirle esto a Matías. No le podía dar demasiados detalles, pero necesitaba decirle algo. Al menos por precaución. No podía permitir que su hijo siga al lado de Elena. Pensó que tal vez lo mejor sería hacer un comentario de forma casual, sugerirle que viaje, o algo por el estilo.

A la hora del desayuno, aprovechando que Omar aún no se había levantado, le dijo a su hijo:

-Mati, estaba pensando que tal vez te haría bien un viajecito. Viajar a un lugar tranquilo, por unas semanas...

-Pero, acabo de regresar de Italia hace apenas unas semanas. ¿Por qué me recomendás esto?

-Porque te quiero ver bien. Quiero que estés bien, que estés tranquilo.

-Bueno, pero vos sabés que ahora no podemos viajar. Elena no puede salir del país. Bueno, no hace falta que te lo explique.

-Creo que te haría bien viajar solo. Estar un tiempo lejos de esa chica.

-¿Por qué? ¿Qué es lo que te pasa con Elena? ¿Qué tiene de malo Elena? No entiendo por qué no te cae bien.

-Tengo mis razones, Matías. No me hagas entrar en detalles. Creeme que tengo mis razones. No me gusta para nada esa chica para vos.

-Sos una exagerada. Hablás de ella como si fuera, no sé... como si fuera una criminal.

-¿Y si lo es? ¿Cómo sabés que no es una criminal?

-¿Qué decís? Es una locura lo que estás diciendo. ¿Criminal? ¿Elena? ¿Hablás en serio?

*-Si te dijera que tal vez tuvo algo que ver con la
muerte de su padre, ¿qué me dirías?*
*-Te diría que estás loca. O que estás celosa. O las dos
cosas.*
-Okay. Olvidalo. Hacé de cuenta que no te dije nada.
-Sí, mejor así.

ξ~~~ξ

El día del juicio llegó en tiempo récord. Entre los
últimos testimonios tomados por el fiscal y el día del
juicio pasaron apenas dos semanas. Incluso para
Amanda -que tenía mucha experiencia como jueza-
fue algo inédito.

En la sala del juicio está la prensa de todo el país, los
amigos de Carlos, y todos los famosos que lo
conocían. También estaba Elena, Lorena y muchos de
los que estuvieron en la fiesta de Carlos, aquella
noche del mes de enero. Desde hace una semana,
todo el país sabe que hubo un giro en la investigación
del caso de la muerte de Carlos. Por eso, todo el
mundo está pendiente del juicio. La gente publica sus
opiniones personales en blogs o en Facebook.
Escriben sus interpretaciones del caso y buscan

culpables entre el círculo íntimo de Carlos y sus amigos.

Elena llegó a la audiencia acompañada por uno de los abogados más prestigiosos de Argentina. También es uno de los más caros, pero eso no es problema para ella. El dinero nunca había sido impedimento en su vida y desde que heredó la fortuna de su padre, mucho menos. Al entrar a la sala donde se llevaría a cabo el juicio Elena sintió todas las miradas sobre ella. Le daba vergüenza y algo de miedo levantar la vista, por lo que iba caminando mirando al suelo. Cuando levantaba la mirada se encontraba con alguien conocido, fueran amigos o socios de Carlos.

Amanda presenta el caso ante toda la audiencia:

> *Muy buenos días a todos. En la audiencia pública del día de hoy se dará el veredicto final sobre el caso Carlos Estrada, caratulado como* "muerte en circunstancias dudosas". *Invito a pasar al estrado a Elena Estrada.*

Elena se levantó de su silla y caminó lentamente hacia el estrado. Esta vez fue caminando con la vista en alto, sin bajar la cabeza. De repente, sintió que todos los que estaban en la sala la acusaban con sus miradas. Se sentía inmensamente culpable, aún antes de pronunciar una sola palabra. Al acercarse al estrado, repasaba mentalmente todo lo que le había dicho su abogado: *"No tienen forma de saber que Lorena dice la verdad. Si negás todo lo que dijo Lorena no va a pasar nada. Haceme caso. Ya vi decenas de casos como este. Vos tenés todas las de ganar, tenés la ventaja. La que está en problemas es Lorena, no vos. No te preocupes, que va a salir todo bien. Vos, tranquila"*. Los últimos días había ensayado decenas y decenas de veces lo que diría hoy. Era como ensayar el libreto para una película. Estudiar de memoria todas las líneas que tenía que decir, y luego decirlas.

En el estrado tenía una vista perfecta de toda la sala. Para ella, sin embargo, allí había una sola persona: Matías. Su novio estaba sentado en el fondo de la sala. Desde allí la miraba con infinito amor. Con la esperanza de que todo esto termine de una vez por todas, para volver a la vida que tenían. A la distancia, Elena ve perfectamente la mirada de confianza de Matías. Él aún confía en ella. Antes del juicio, Matías le dijo: *"Sé que va a salir todo bien. Confío en vos. Confío en que vas a decir la verdad"*.

Capítulo 19

Por un momento, Elena y Amanda cruzaron sus miradas. Fueron unos dos o tres segundos, pero parecieron dos o tres horas. En los ojos de Amanda, Elena veía pena, lástima, reproche, indiferencia y muchas cosas más que no podía describir con palabras. Sus profesores de actuación le habían hablado infinidad de veces sobre la importancia de la comunicación no verbal, pero no fue sino hasta este momento que Elena logró entender todo lo que eso significaba.

Desde el frente de la sala, una chica rubia se acercó con una biblia muy pequeña en su mano derecha. Una vez al lado de Elena, la invitó a apoyar su mano en la biblia. Mirándola nuevamente, Amanda le preguntó:

-*Elena Estrada, ¿jura decir la verdad, toda la verdad y nada más que la verdad?*
-*Sí, juro* -respondió Elena, con una voz que apenas se oía.

Amanda presentó el caso ante toda la audiencia, sin despegar la vista de sus cuadernos ni un solo momento. Su presencia en el estrado imponía muchísima autoridad. Era una combinación de varias cosas: la ropa que usaba, el uso de la voz, y las palabras que elegía para dirigirse a la audiencia. En el fondo de la sala, Matías miraba a su madre con una mezcla de miedo y de admiración. No tenía la menor idea de lo que sucedería el día de hoy. A pesar de que había intentado decenas de veces hablar con su madre para que le contara más sobre el caso, no había tenido el menor éxito. El desenlace del caso era una gran incógnita para todos, incluyendo a los más cercanos a Amanda.

La primera serie de preguntas estaba a punto de comenzar. El fiscal se acercó al frente de la sala, y le preguntó a Elena:

-¿A qué hora llegó a la fiesta este año, el día del cumpleaños de su padre?
-No recuerdo bien, pero estimo que llegué alrededor de las 10.30pm -respondió Elena.
-¿Llegó sola o acompañada?
-Fui acompañada por tres amigas.

-Lorena Arrazábal, ¿era una de estas tres amigas? ¿Ella llegó a la fiesta con usted?

-Sí, Lorena era una de ellas.

-Durante la fiesta, ¿estuvo siempre cerca de sus amigas?

-Sí, la mayor parte del tiempo sí. No siempre, pero la mayor parte.

-¿Y en qué circunstancias conoció a Lorena Arrazábal?

-En la filmación de una película. Ella también es actriz.

-¿Cuándo fue eso?

-Hace unos 2 años, más o menos.

-¿Diría usted que es una de sus mejores amigas? ¿La considera una amiga cercana?

-Sí, podría decir que sí.

-Estimo que, en el pasado, debe haberle pedido favores a Lorena. ¿Es esto correcto?

-Sí, así es.

-¿Alguna vez Lorena se ha negado a acceder a estos favores? ¿Alguna vez se ha negado a ayudarla?

-Sí, seguramente. Sí, claro que sí.

-Muchas gracias. Ahora me gustaría preguntarle sobre las donaciones que hacía su padre. ¿Estaba usted de acuerdo con que su padre donara una parte

considerable de sus ingresos a caridad y a ayuda
social?

-*¡Objeción, su señoría!* -gritó el abogado de Elena-.
Esa pregunta no tiene nada que ver con lo que
estamos tratando.

-*No a lugar* -dijo Amanda, en tono firme-. *Prosiga,*
señor fiscal.

-*Repito mi pregunta: ¿Estaba usted de acuerdo,*
Elena, con que su padre donara una parte
considerable de sus ingresos a caridad y a ayuda
social? -dijo nuevamente el fiscal.

-*No tengo una opinión sobre el tema* -respondió
Elena, intentando evadir la pregunta.

-*Claro que la tiene. Y nos gustaría mucho escucharla.*
Se lo pregunto de otra manera: ¿planea, de aquí en
más, continuar con las donaciones y obras de caridad
que había iniciado su padre?

-*¿Debo responder a esa pregunta?* -dijo Elena,
mirando a Amanda con cara de lástima.

-*Sí, por favor* -fue lo único que dijo Amanda, sin
esbozar el más mínimo gesto en su rostro.

-*No está en mis planes seguir donando tanto dinero a*
caridad. De todos modos, tengo derecho a no hacerlo.
Ahora es mi dinero. Yo decido cuánto quiero destinar
a caridad y cuánto a mis otros gastos.

-*En varias ocasiones, su padre había afirmado que su intención era donar el 95% de su fortuna a obras de caridad. ¿Dejó su padre alguna voluntad por escrito, con respecto a este deseo?*

-*No que yo sepa* -respondió Elena, con rostro inexpresivo.

-*¿Qué opina sobre esta intención de su padre, de donar todo ese dinero?* -volvió a preguntar el fiscal.

-*Me parece una locura. Son ideas locas que tuvo en distintos momentos de su vida. Todos tenemos ideas locas en algún momento. De ninguna manera él planeaba donar casi todo su dinero a caridad. De eso estoy segura.*

-*¿Dejó acaso un testamento o algún tipo de indicación sobre el uso de su dinero, en caso de que él ya no estuviera vivo?*

-*Sí. Me designó como única heredera. Soy su única hija. Por lo tanto, me corresponde el 100% del dinero del patrimonio de mi padre.*

-*Distintas empresas han mencionado que Carlos ya había hecho arreglos de antemano para hacerles donaciones de varios cientos de miles de dólares. ¿Está usted al tanto de eso?*

-*No, en absoluto. Lo único que sé es que ahora muchas personas querrán aprovecharse de la situación. Querrán sacar una ventaja personal o para su empresa.*

-Haremos un cuarto intermedio, una pausa, y luego nos reencontramos en la sala -dijo Amanda-. *Por la tarde se llevará a cabo la resolución final del caso.*

Capítulo 20

El juicio se reanudó poco después de las 2pm. Poco a poco, todos los que habían salido de la sala iban regresando. Elena, la más esperada, fue la última en volver. Después de reanudarse la audiencia, Amanda llamó nuevamente a Elena al estrado. Aún faltaba la última parte de las preguntas del fiscal:

-Según nos dijo esta mañana, usted llegó a la fiesta del mes de enero junto a su amiga Lorena y a otras dos chicas. Varios de los asistentes a la fiesta nos aseguraron que, al despedirse de Carlos por la madrugada, lo habían visto en compañía de una chica. Y las descripciones de los testimonios coinciden con los rasgos de Lorena. Su señoría, en este momento me gustaría invitar al estrado a Lorena Arrazábal -dijo el fiscal, mirando fijamente a Amanda.

Lorena se levantó de su asiento con pesadez, arrastrando los pies al caminar, prácticamente sin energía. Tenía el rostro pálido y la mirada perdida en el suelo. No se atrevía a mirar hacia arriba. Al llegar al estrado miró a Elena tímidamente. Luego hizo su juramento de verdad sobre la biblia y se preparó para el momento más difícil de su vida.

-Lorena Arrazábal, ¿en qué circunstancias vio usted por última vez a Carlos Estrada?
-En la piscina de su casa, la madrugada de la fiesta.
-¿Había bebido alcohol usted esa noche?
-Sí, algo había bebido -respondió Lorena, vagamente.
-Y en la piscina, cuando vio a Carlos por última vez, él, ¿estaba bebiendo?
-Sí.
-Al encontrarse el cuerpo muerto de Carlos por la mañana, se encontraron dos copas de vino junto a la piscina. ¿Bebió usted de una de esas copas? ¿Bebieron vino con Carlos antes de despedirse?
-Sí, bebimos vino -contestó Lorena, rápidamente.
-¿Puso usted alguna sustancia en la copa de vino que bebió Carlos? Antes de responder, recuerde que aquí está bajo juramento -le advirtió el fiscal.

Lorena miró a Elena, bajó nuevamente la vista y se llevó las manos al rostro. Todos los que estaban presentes estaban expectantes, esperando la respuesta de Lorena. Cuando se quitó las manos del rostro todos vieron que estaba llorando.

-*Sí, puse una pastilla en su copa* -dijo Lorena, visiblemente angustiada, entre llantos.

-*¿Qué tipo de pastilla?*

-*Tetrodotoxina* -dijo Lorena, después de unos segundos.

-*Su señoría* -comentó el fiscal-, *valga aclarar que la "tetrodotoxina" es una neurotoxina letal, de efecto casi inmediato. Lorena, ¿le dio usted esa pastilla por decisión personal o fue un encargo de otra persona?*

-*¡Objeción!* -gritó el abogado de Elena.

-*No a lugar. Prosiga, señor fiscal* -intervino Amanda.

-*¿Alguien le pagó dinero para darle esa pastilla a Carlos Estrada?* -le preguntó el fiscal, de forma directa.

-*Sí, recibí dinero para hacerlo* -dijo Lorena, ante la sorpresa de toda la audiencia.

-*¿Quién fue la persona que le dio dinero para darle la pastilla a Carlos?*

Lorena cerró los ojos por unos segundos. Tenía la esperanza de que al abrirlos estaría en su casa. Tenía la ilusión de que todo esto no haya sido más que una larga pesadilla. Pero no. Al abrir los ojos seguía estando en el juicio, frente a la mirada acusadora de todos los que estaban presentes.

-Le repito la pregunta, ¿quién le ofreció dinero para darle la pastilla a Carlos Estrada? -insistió el fiscal.
-Fue Elena Estrada, la hija de Carlos.

Todas las miradas, de pronto, apuntaban hacia Elena. Luego comenzaron los murmullos y los comentarios por lo bajo.

-Silencio en la sala. Silencio en la sala, por favor -pidió Amanda-. *La audiencia continúa. Señor fiscal...*
-Gracias, su señoría. Quisiera preguntarle ahora a Elena, si me permite, ¿es cierto, Elena, que usted le dio dinero a Lorena Arrazábal para que le dé a tomar una pastilla letal a su padre, Carlos Estrada? -preguntó el fiscal-. *Recuerde que sigue bajo juramento.*

En ese momento, Elena miró a Matías, que seguía en el fondo de la sala. Tenía la ansiedad dibujada en su rostro. Nunca en su vida lo había visto tan nervioso. Elena no quería perderlo, pero si rompía su confianza en este momento era seguro que jamás volverían a estar juntos. No le quedaba más opción que decir la verdad.

-*Sí, es cierto* -confirmó Elena, a punto de llorar-. *Era la única forma que tenía de evitar que mi padre desperdiciara todo su dinero donándolo a caridad. Yo sabía que aún no había expresado esa intención de donar en su testamento, por lo que aún estaba a tiempo de obtener lo que realmente me correspondía. No podía permitir que mi padre me dejara solo el 5% de su dinero... Perdón, Matías. Perdón* -dijo en voz alta y llorando, mirando a su novio que seguía en el fondo de la sala.

Esa misma tarde, Elena fue sentenciada a 15 años de prisión por ser la autora intelectual del crimen de su padre. Lorena Arrazábal fue sentenciada a 25 años de prisión por homicidio. Las dos salieron del juzgado acompañadas por oficiales de policía. En apenas unas horas serían llevadas a la cárcel de mujeres de Ezeiza.

Matías observaba a lo lejos, sin palabras. Por alguna razón, la confesión de Elena no le pareció tan inesperada. En el fondo sentía que él siempre lo había sabido, ya desde el primer momento. Pero lo cierto es que nunca había tenido las agallas suficientes para hablar con ella, para preguntárselo directamente. Quizás porque sabía que Elena era actriz. Sabía que Elena le mentiría, como lo había hecho tantas otras veces, y como lo seguiría haciendo el resto de su vida.

Other Books by the Author

Beginners (A1)

- Muerte en Buenos Aires
- Ana, estudiante
- Los novios
- Tango milonga
- Fútbol en Madrid

Pre Intermediates (A2)

- Laura no está
- Porteño Stand-up
- Un Yankee en Buenos Aires
- Pasaje de ida
- El Hacker

Intermediates (B1)

- Comedia de locos
- Amor online
- Crimen en Barcelona
- Viaje al futuro
- La última cena

Upper-Intermediates (B2)

- Perro que habla no muerde
- La maratón
- Marte: 2052
- El robo del siglo
- Llamada perdida

Advanced Learners (C1)

- El día del juicio
- La fuga
- Paranormal

High Advanced Learners (C2)

- La última apuesta
- Tsunami
- Elektra

Spanish Novels Series

https://spanishnovels.net

Made in the USA
Columbia, SC
01 December 2020

26029002R00083